Manuela Grotthe

TOSKANA

Helmut Dumler

W0191610

⊠ Bruckmann

ZEICHENERKLÄRUNG ZU DEN TOURENKARTEN

A4 • 9	Autobahn	❋ ☀	Aussicht
40	Hauptstraße	✗ ♠	Einkehr/Hütte
	Landstraße	🍷 ✝	Kirche/Kloster
	Nebenstraße	🗼 ⚲	Turm
	Fahrweg	🏛	Museum
– – – – –	Fußpfad	⛏ ⁘	Prähistorische Fundstelle
▪—▫—▪	Bahnlinie mit Bahnhof	♟ ⚲	Denkmal
Ⓐ—Ⓔ	Tourenführung mit Anfangs- und Endpunkt	🜨 ∩	Höhle/Grotte
E 5	Tourenvariante	⛰ 🎵	Schloß/Burg/Ruine
🚶	Fernwanderweg	Ⓒ Ⓒ	Camping
Konstanz	Sehenswerter Ort/Stadt	♠	Markanter Baum
▲	Gipfel	✳	Sehenswert
⋈	Pass	✵	Landschaftlicher Höhepunkt
◆ ▼	Quelle - Wasserfall	✿	Mühle
Ⓟ	Parkmöglichkeit	Ⓗ	Busverbindung/ Haltestelle

HINWEISE ZUR BENUTZUNG

Das Buch ist in vier Hauptkapitel unterteilt: »Die Einführung« stimmt den Leser auf die Toskana als attraktives Reiseziel ein. Das Kapitel »Reise-Informationen von A bis Z« enthält nützliche Infos für jeden Toskana-Urlauber. In alphabetischer Reihenfolge werden im Abschnitt »Sehenswürdigkeiten von A bis Z« interessante Städte, Dörfer, Bergregionen und Naturparks beschrieben. Schließlich sind im Kapitel »Die schönsten Wanderungen« 30 ausgewählte, über das Festland verstreute Touren vorgestellt. Jeder Route ist eine Streckenskizze sowie ein übersichtlicher Infokasten mit nützlichen Hinweisen (Tourencharakter, Verkehrsanbindung, Unterkunft, Einkehrmöglichkeit u. v. m.) beigefügt.

Ein leicht verständliches Verweissystem stellt sinnvolle Bezüge zwischen den Kapiteln her. Darüber hinaus sind zu allen Sehenswürdigkeiten und Wanderungen Koordinaten angegeben, mit denen man den Ort oder die Tour ganz leicht auf der beigelegten, großen Faltkarte finden kann. Diese herausnehmbare Reisekarte – ein besonderes Extra – gibt dem Toskana-Urlauber jederzeit die Möglichkeit, seine ganze Urlaubsregion und ihre Ausflugsziele im Überblick zu betrachten.

INHALT

Abbadia Isola 38 • Alberese 38 • Anchiano 38 • Ansedonia 40 • Apennin 40 • Apuanische Alpen 40 • Archäologischer Park di San Vincenzino 41 • Archäologischer Park Populonia 41 • Arezzo 42 • Baratti 43 • Bergbaupark San Silvestro 44 • Campiglia Marittima 44 • Casentino 44 • Castagno d'Andrea 44 • Castellina in Chianti 45 • Castello dei Rampolla 45 • Castello di Brolio 46 • Cecina 47 • Cellole 47 • Chianti 47 • Chiantigiana 48 • Chiusi della Verna 48 • Colline Metallifere 48 • Cosa 49 • Costa d'Argento 49 • Crete Senesi 49 • Eremo di Calomini 50 • Fattoria Nittardi 50 • Fiesole 50 • Florenz 51 • Forte di Bibbona 56 • Golfo di Baratti 56 • Greve in Chianti 56 • Grotta del Vento 56 • Larderello 57 • Lucca 57 • Maremmen 58 • Marina di Bibbona 59 • Marina di Cecina 59 • Monte Albano 59 • Monte Ceceri 59 • Monte Falterona 59 • Monte Gazzaro 60 • Monte Nona 60 • Monte Penna 60 • Monte Procinto 60 • Montepulciano 61 • Monteriggioni 62 • Monte Siepi 62 • Monti dell'Uccellina 63 • Nationalpark Foreste Casentinesi, Monte Falterona e Campigna 63 • Naturpark Apuanische Alpen 64 • Naturpark Maremmen 64 • Naturreservat Tombolo di Cecina 64 • Panzano 64 • Passo della Futa 64 • Pieve di San Giovanni 65 • Pisa 65 • Pizzo d'Uccello 67 • Populonia 68 • Pratomagno 68 • Rifugio Donegani 68 • Riviera degli Etruschi 68 • Rocca di San Silvestro 69 • Rocca di Sillano 69 • San Dalmazio 69 • San Felice 70 • San Galgano 70 • San Gimignano 70 • San Giusto a Retennano 72 • San Godenzo 72 • San Rabano 72 • Santuario La Verna 72 • Settignano 73 • Siena 74 • Sovana 78 • Stazzema 79 • Strada del Vino 79 • Tagliata Etrusca 79 • Tomba Ildebranda 80 • Vallombrosa 80 • Vinci 81 • Volterra 81

ENTDECKEN SIE
DIE TOSKANA NEU!

Brechen Sie auf, um das wirkliche Gesicht der Toskana zu ergründen, am besten zu Fuß: Schritt für Schritt, im Glanz des Oleanders, unter riesigen Schirmpinien, vorbei an blühenden Hecken, durch Macchia und Garrigue, im Schmalschatten von Zypressen, die nicht selten wie mit dem Kohlestift gezeichnet vor blauem Seidenhimmel stehen.

Zypressen, ein »Logo« der Toskana.

Erleben Sie unvergeßliche Stimmungsmomente beim Anblick der fließenden Landschaftswellen, angesichts der unnachahmlichen Grandezza der Architektur, in Kunstzentren, wo der Genius zum Höhenflug startete. Genießen Sie die Toskana in ihrer ganzen Vielfältigkeit: Gipfelglück im → **Apennin** und in den → **Apuanischen Alpen**.

Strahlenden Marmor, schneeweiß, kalt und glatt. Wellenschläge an tyrrhenischen Gestaden. Die bitteren Landstreifen → **Maremma** am Meer. Das Hügelland der → **Colline Metallifere**. Fließende Wellen des → **Chianti**.

In den Totenstädten der Etrusker blicken den Wanderer zweieinhalbtausend Jahre geheimnisvolle Geschichte an. Gucklöcher in die Vergangenheit. Wandern Sie auf den Spuren der Römer und versuchen Sie, die Atmosphäre des Mittelalters nachzuempfinden oder sich in die glanzvolle Renaissance zurückzuversetzen. Schritt für Schritt – ähnlich dem Kommen und Gehen von Völkern, Herrschergestalten, Monarchie, Faschismus und Demokratie.

Stets weckt die Toskana neue Gefühle, immer wieder und überall. Ich pflichte dem Schriftsteller Maurice Barrès (1862–1923) bei, der sagte, die größte Freude, die ein Ort einem Menschen geben kann, liege nicht darin, ihn zu sehen, sondern ihn wiederzusehen.

Wer kennt die hundert Seelen der Toskana? Eine Jalousie klappert im lauen Wind. Vor der Bar spielen alte Männer Karten, fremd anmutende Gesichter. Mopedkrach widerhallt in der kühl-feuchten Gasse. Nachbarn plaudern von Fenster zu Fenster. Eine Frau zieht ihre Wäscheleine über verrostete, quietschende Umlenkrollen. Irgendwo

hupt jemand wie verrückt. Zum Abend hin füllt sich die Piazza – betörend und bedrängend. Salon und Jahrmarkt der Eitelkeiten! Glänzende dunkle Augen, lebhafte Gesten.

Abseits des grandiosen Städtedreiecks → **Florenz**, → **Pisa** und → **Siena** eröffnen sich besonders dem Individualreisenden ungeahnte Möglichkeiten. Rationalität paart sich mit vertraulicher Sanftheit. Entgegen oberflächlichen Klischees herrscht kein Mangel an dramatischen Effekten.

Schönheit und Strenge und Härte, aus Berechnung, aus Phantasie und Begeisterung. Mir klingt der Gefangenenchor aus Verdis »Nabucco« im Sinn. »Va, pensiero, sull' ali dorate …« Steig, Gedanke, auf goldenen Schwingen …

Im übertragenen Sinne – unstillbare Sehnsucht.

Geographisch skizziert

Die Toskana ist eine Region in Mittelitalien zwischen dem → **Apennin** bzw. den Beckenlandschaften Lunigiana, Garfagnana und Mugello im Norden und dem Latium im Süden, zwischen westlichem Mittelmeer und Umbrien. Die fünftgrößte Region Italiens umfaßt (mit den Inseln) eine Fläche von 22 992 Quadratkilometern. Das ist etwas mehr als die Größe von Hessen und entspricht 7,8 Prozent des Landes. In den Provinzen Arezzo, Florenz, Grosseto, Livorno, Lucca, Massa-Carrara, Pisa, Pistoia, Siena leben 3,6 Millionen Menschen, etwa 70 Prozent davon auf 20 Prozent der Gesamtfläche. Die Bevölkerungsdichte pro Quadratkilometer 155 Menschen (Landesdurchschnitt 192). Die Küstenlinie am Tyrrhenischen Meer umfaßt 329 Kilometer.

Am Anfang stehen die Etrusker

Vor rund 2800 Jahren begann mit dem Wandel in die frühe Eisenzeit die greifbare Epoche der Etrusker – eines Volkes, von dem niemand weiß, wo es ursprünglich herkam. Jüngere Hypothesen nehmen an, daß sich das Volk aus einer Mischung kleinasiatischer Einwanderer mit heimisch-italischen Elementen im 10. und 9. Jh. v. Chr. gebildet hat. Die wichtigen Städte der Frühzeit lagen mit Ausnahme von → **Populonia** im Inneren des Kernlandes Etrurien bzw. der Toskana, wenn auch teilweise nicht weit vom Meer entfernt, natürlich geschützt auf Bergkuppen und Plateaus.

Erste schriftliche Zeugnisse der etruskischen Sprache gründen im 7. Jh. v. Chr., als die Überlieferung den Etrusker Tarquinius Priscus als König von Rom nennt: 661 v. Chr. Im frühen 6. Jh. erreichte die etruskische Seemacht ihren Zenit und ging eine Allianz mit dem nordafrikanischen Karthago ein. Das folgende Jahrhundert läutete den Schwanengesang des Reiches ein: 524 Niederlagen in den Gewässern vor Kampanien bzw. der antiken Stadt Cumae, 509 Vertreibung des letzten etruskischen Königs von Rom, Tarquinius Superbus. Die Etrusker, von den Griechen »Tyrrhenoi« genannt (deshalb Tyrrhenisches Meer), expandierten nun nordwärts, überschritten den → **Apennin**, die Poebene und gründeten an der adriatischen Küste die Städte Adria und Spina, südlich Venedig an der Pomündung. Wahrscheinlich erhofften sie sich davon eine Kompensation des am Tyrrhenischen Meer kränkelnden Seehandels, was eine Wirtschaftskrise heraufbeschworen hatte. Zu allem Unglück fielen die keltischen Gallier in Norditalien ein.

Die zwölf wesentlichen Gemeinwesen – darunter → **Volterra** und → **Arezzo** – bildeten einen voneinander unabhängigen politischen und kulturellen Bund (Dodekapolis). Das Kulturelle offenbart starke griechische Einflüsse in Schrift, Münzprägung, Vasenform und -malerei und Götterwelt. In der Religion sind griechische und italische Elemente eingeschlungen, aber auch Strömungen der Religionen Vorderasiens. Die Deutung von Eingeweiden, von Blitzen und Wunderzeichen besaß fundamentale Bedeutung. Das religiöse Urelement bestimmte die gefühlsmäßige Abhängigkeit von den Göttern, wich aber später der Individualisierung sowie eigenen Gottheiten. Übrigens haben die Römer ihre Weissagekultur von den Etruskern übernommen, wie die Musik, das Theater und Gladiatorenspiele.

Der Schrift – sie lief überwiegend von rechts nach links und ist mittlerweile größtenteils »dechiffriert« – lag ein westgriechisches Alphabet zugrunde, angepaßt der etruskischen Sprache. Bei den rund 10 000 bekannten Texten handelt es sich fast ausschließlich um monotone Grab,- Weihe- oder Besitzerinschriften.

Der Wassergott Neptun als Brunnenfigur.

In den letzten 20 Jahren des 5. Jh. ging Rom daran, seine wachsende Macht auf etruskisches Territorium auszudehnen. Anno 406 begann die Belagerung von Veji, das so groß gewesen sei wie Athen. Es dauerte zehn Jahre, dann war die südlichste Stadt der Dodekapolis zerstört. Die römische Militärmaschinerie marschierte weiter nordwärts, und die »Tusci«, wie Rom seine Kontrahenten nannte, verloren mehr und mehr an Boden. Zu Beginn des 3. Jh. v. Chr. hatten sich nahezu alle Städte dem römischen föderativen System unterworfen, allerdings mit eigenen Magistraten. 273 v. Chr. erfolgte die Gründung der ersten römischen Stadt in Etrurien: → **Cosa**. Es war durch die Via Aurelia mit dem Tiber verbunden. Bereits 225 v. Chr. besiegten die Etrusker in Waffenunion mit den Römern ein gallisches Heer bei Talamone, nördlich von Orbetello. Die Romanisierung griff in sämtliche Lebensbereiche über, beeinflußte auch den Jenseitsglauben. Viele Angehörige der Patrizierfamilien wurden Mitglied des römisches Senats. Zwischen 90 und 88 v. Chr. erhielt das Gebiet der heutigen Toskana das römische Bürgerrecht.

Die nachrömische Toskana

Noch unter den Römern – im 4. Jh. v. Chr. – hatte die Christianisierung eingesetzt. Gewaltige Zäsuren bedeuteten die Okkupationen der Goten, anfangs des 5. nachchristlichen Jahrhunderts der Westgoten unter Alarich, der 410 Rom plünderte, und rund acht Jahrzehnte später der Westgoten unter Theoderich.

Ab 568 überschwemmten König Albuin und seine elbgermanischen Langobarden Nord- und Mittelitalien. Ihre Eroberungen waren in der ersten Phase um 650 abgeschlossen, erfuhren aber im 8. Jh. eine Fortsetzung, wobei Rom unangetastet blieb. Doch das Papsttum mißtraute dem, wie es befürchtete, trügerischen Frieden, obwohl die Langobarden vom katholizismusähnlichen Arianismus zur »reinen« katholischen Lehre übergetreten waren.

Nach einem Hilferuf von Papst Hadrian I. zerschlug Karl der Große 773/74 das Langobardenreich in Italien, und gliederte auch »Tuscien« seinem Regnum ein.

Wiege europäischer Kultur

Unberührt offensichtlich von geschichtlichen Wirren erwuchs in der Toskana eine kulturelle Fülle aus Malerei und Bildhauerei, Architektur, Literatur sowie anderer geistiger Schaffenskräfte, die auf ihren Ebenen zur kulturellen Entwicklung Europas beitrugen, gekrönt von der Renaissance, der Wiederentdeckung der Antike. Der Mittelpunkt war → **Florenz**, das Mäzenatentum der Medici. Lorenzo il Magnifico hatte die »Platonische Akademie« als Treffpunkt der bedeutendsten Humanisten des 15. Jh. gegründet. Er förderte nicht nur Philosophie und Baukunst, sondern auch durch Aufträge den Bildhauer Verrocchio, die Maler Ghirlandaio und Botticelli. Giotto wirkte am Arno, Lorenzo Ghiberti, Donatello, Leonardo da Vinci, Galileo Galilei, Michelangelo, Gioacchino Rossini und Luigi Cherubini, Niccolò Machiavelli, Dante Alighieri. Dante, Francesco Petrarca und Giovanni Boccaccio ist es zu verdanken, daß das Florentinische zum Vorbild der italienischen Literatursprache wurde.

Strukturen

Die Toskana gehört zu den am intensivsten kultivierten Regionen Italiens. Der Waldanteil ist relativ hoch. Landwirtschaftliche Schwerpunkte sind die Becken- und Hügellandschaften mit Anbau von Wein, Oliven und Mischkulturen.

Bodenschätze sind Eisen, Pyrit, Zink, Quecksilber, Marmor, Salz und Alabaster. Die Industrie konzentriert sich in der Mulde Prato–Pistoia–Florenz, um die Hafenstädte Livorno und Piombino.

Einen sehr wichtigen Wirtschaftszweig bildet – mit weiter steigender Tendenz – der Tourismus. Allein aus Deutschland, Österreich und der Schweiz reisen jährlich rund eine Million Besucher an.

Schon vor 700 Jahren schwärmte Papst Bonifazius VIII.: »Die Toskana ist die Quintessentia der Welt«.

Auch Kultur: kunstvolle Handarbeit.

Auch Kultur: Essen

Auf dem Markt stehen Körbe voll Meeresgetier, Dutzende von Muscheln, Krebsen und Langusten auf Eisfeldern, schwarz und silbern glänzende Fische mit weißem, honig-, rosafarbenem oder rotem Fleisch, finger- und fast armdicke Aale. Das ist nur ein Teil der toskanischen Küche, ihre maritime Versuchung. Auf dem Tisch finden sich dann duftende Kräuter, grünschimmerndes kaltgepreßtes Olivenöl, salzloses Weißbrot. Die Speisen sind soweit wie möglich »genuino« – unverfälscht, frisch, aus besten Rohprodukten, ihre Zubereitung verwurzelt in bodenständiger Tradition. Auch das gehört zu der Kultur eines Landes!

Das komplette Essen besteht aus einer Vorspeise (antipasto), beispielsweise Crostini oder Bruschetta, einer Zwischenmahlzeit (primo) aus Teigwaren etc., einer Hauptspeise (secondo) mit Fleisch oder Fisch und dem Dessert (dolce). Beilagen (contorni) müssen extra bestellt werden. Salate macht der Gast eigenhändig mit Essig und Öl an. Ein Tip: Mit »Cucina casalinga« sind Sie nirgendwo schlecht beraten: Küche wie bei Muttern, nach Hausfrauenart, eben »casalinga«.

… und Wein

Abgesehen vom namhaften → **Chianti** wartet die Toskana mit rund drei Dutzend Rebenlagen auf, die zum Teil allerhöchsten Ansprüchen genügen. Die Kellereien produzieren 22 DOC-Weine

Der Wein-
bauer sorgt
für die tradi-
tionsreichen
»Tropfen«.

(Denominazione di Origine Controllata) und sechs Weine mit dem Zusatz »G« (garantita), was allerdings im Gütesiegel nicht die Qualität, sondern nur das Anbaugebiet bezeugt. Ausschlaggebend für die Qualität ist allein das Weingut!

Beispiel hoher Weinkunst: »Brunello di Montalcino«, zu 100 % aus Sangiovese, der typischen roten Toskanatraube; reichhaltiges Bukett. Ebenfalls ganz vorne rangiert der einen Hauch von Veilchenduft atmende »Vino Nobile« von → **Montepulciano,** den auch die Sangiovesetraube prägt. Dem »Carmignano« aus der gleichnamigen Gegend östlich des → **Monte Albano** aus Sangiovese verleihen »Canaiolo«, »Cabernet«, »Trebbiano« und »Malvasia« einen blumigen Geschmack. Immer mehr Liebhaber findet der lange Zeit vernachlässigte rubin- bis granatrote »Morellino di Scansano« der Fluren südöstlich von Grosseto. Entlang der → **Strada del Vino** reihen sich die Lagen »Montescudaio«, »Bolgheri«, »Val di Cornia«. Noch ein Wort zu Bolgheri! Der dort vom Baron Niccolò Incisa della Rocchetta gezogene Sassicaia zählt zu den besten und teuersten Rotweinen Italiens: zwei Jahre Faßreife, ein Jahr Flaschenlagerung, »Blüte« nach fünfjähriger Flaschenlagerung, Jahresproduktion rund 80000 Flaschen.

Weißweine sind nicht die Stärke der Toskana, indes vereinzelt recht populär, wie der »Vernaccia« aus → **San Gimignano,** den man jung trinkt. Unisono der »Bianco di Pitigliano«.

Dieser kleine önologische Strauß soll zum Verkosten anregen, zu persönlicher Wertung. Es muß nicht unbedingt der teuerste Tropfen sein. Auch einen »Vino della casa« zeichnen gelegentlich vortreffliche Eigenschaften aus.

Feste und Folklore

Nahezu sämtliche folkloristischen Feste sind mit Wettkämpfen verbunden. Nachbarn der Toskaner behaupten, ihre Landsleute würden sich bestenfalls zu zweit vergnügen. Kommt ein Dritter ins Spiel, gibt es zwei Parteien, die sich vor den Augen des Dritten in irgendeiner Art messen und von diesem bei Tüchtigkeit Lob erhoffen.

Etwas anderes ist es mit dem Karneval. Er findet im Badeort Viareggio (Karte C 4) seinen Höhepunkt in einem bunten, allegorischen Umzug, dem längsten Italiens. Auf manchen Dorfplätzen wird der Bruscello vorgeführt, ein grotesk-erotisches Bauerntheater.

Die jahreszeitliche Ouvertüre historischer Spiele klingt an am Ostersonntag vor dem Dom in → **Florenz** mit dem »Scoppio del Carro«: Eine Tontaube entzündet ein »heiliges Feuer« auf einem Ochsenkarren.

Armbrust-schützen-Fest in Massa Marittima.

Anfang Mai messen sich die »Cowboys« der → **Maremmen** – »Butteri« – bei → **Albarese** im Torneo dei Butteri: Reiterspiel und Springturnier.

In Massa Marittima (Karte F 8) wetteifern Armbrustschützen am 20. Mai und am zweiten August-Sonntag beim »Balestro del Girifalcone« in ihrer Zielsicherheit gegen einen Tonfalken.

→ **Pisa** feiert am 17. Juni die »Regata Storica di San Ranieri«: eine Ruderregatta auf dem Arno zu Ehren des Stadtheiligen. Am letzten Junisonntag versuchen sich kräftige Männer beim »Gioco del Ponte« gegenseitig von einer Brücke in den Arno zu stoßen.

Freistil-Fußball sozusagen, jedoch historisch gewandet, bietet → **Florenz** am Johannistag (24. Juni) auf der Piazza Santa Croce mit dem Finale des »Calcio in Costume«.

Jubel, Trubel, Hektik und leidenschaftliche Emotionen wie nirgendwo anders entstehen beim »Palio«, einem Pferderennen, das am 2. Juli und 16. August auf dem Campo in → **Siena** stattfindet. Für eine »Contrada« (Stadtteil) gibt es keine größere Ehre, als nach nur drei Runden den Palio, den Siegeswimpel, zu besitzen.

Festliche Vorbereitung des »Palio« in Siena.

Manuelle Geschicklichkeit, Kraft und spezifisches Training, setzt ein Sieg im »Il Bravio« von → **Montepulciano** voraus, am letzten August-Sonntag. Zweiermannschaften der acht »Contrade« rollen 80 Kilogramm schwere Holzfässer bergauf durch die Hauptstraße.

Zwölf Reiter sitzen in Pistoia (Karte F 4) am 25. Juli auf, um bei der »Giostra dell'Orso« eine Bärentrophäe zu gewinnen.

→ **Arezzo** bietet am ersten September-Sonntag die im 16. Jh. wurzelnde »Giostra del Saracino«, der ein farbenprächtiger Umzug vorausgeht. Acht Berittene, jeweils zwei in einer Mannschaft, nehmen aus den vier alten Stadtvierteln teil. Jeder galoppiert auf eine drehbare Holzpuppe (Saracino) zu. Sie muß mit der Lanze mitten ins Herz getroffen werden – sonst versetzt der »Sarazene« aus seiner Drehbewegung heraus dem Reiter durch eine Geißel mit drei Bleikugeln einen schmerzhaften Schlag.

Am äußersten östlichen Zipfel der Provinz Arezzo, im 16 000-Seelen-Städtchen Sansepolcro, nehmen jeden zweiten September-Sonntag

einheimische Armbrustschützen die Herausforderung des benachbarten umbrischen Gubbio an.

Religiös ist die Lichterprozession in → **Lucca** am 13. September – Heilig-Kreuz-Fest – zu Ehren des »Volto Santo« (heiliges Antlitz). Die legendenträchtige Zedernholz-Skulptur wird in einem Ochsenkarren, eskortiert von mittelalterlich Bekleideten, unter großer Anteilnahme der Bevölkerung und Frommer, die schwere Holzkreuzen tragen, von der Kirche San Frediano zum Dom gezogen und im Gebet verehrt.

Ebenfalls klerikal geprägt ist die »Cavalcada«, eine an Maria Himmelfahrt stattfindende Reiterprozession im → **Naturpark Maremmen** nach → **Marina Albarese**.

Ausschließlich gastronomischen und kulinarischen Sinn hat im September die »Sacra« der Etruskergründung Cortona (Karte K 7): Fest des Rindersteaks vom Rost.
Empfehlenswerte Adresse: Osteria del Teatro.

▶ AGRITURISMO

Vergleichbar mit »Ferien auf dem Bauernhof«. Weit verbreitet und größtenteils gediegen. Hinweise durch Beschilderung. Auskunft: Turismo Verde Regionale, Via Lavagnini, I-50129 Firenze, Tel. (055) 48 97 60.

▶ ALKOHOL

0,8 Promille; bei Übertretung bis 2 000 000 Lire Strafe.

▶ ANREISE

Am besten – vor allem hinsichtlich der Aus-
gangspunkte für Wanderungen – reist man mit
dem Auto an (→ **Autobahnen**).
Fernschnellzüge u. a. Hamburg–Basel–Mailand–Florenz
oder via München–Bologna–Florenz (ca. 10 Std.). Bahnpreise sind in Italien billiger als in Deutschland.
Internationale Airports befinden sich in Florenz und Pisa.

▶ APOTHEKEN

»Farmacie« haben gewöhnlich Mo–Fr von 9–13 Uhr und 16–20 Uhr geöffnet.

▶ AUSKUNFT

In Deutschland u. a.:
Staatliches Italienisches Fremdenverkehrsamt, Kaiserstraße 65, 60329 Frankfurt, Tel. (069) 23 74 30, Fax 23 28 94.
In der Schweiz:
8001 Zürich, Uraniastraße 32, Tel. (01) 211 36 33, Fax 211 38 85.
In Österreich:
1010 Wien, Kärntnerring 4, Tel. (01) 505 16 39, Fax 505 02 48.

▶ AUSWEISE → **Personaldokumente**

▶ AUTOBAHN

Mautpflichtig (100 km ca. DM 10,–). Bargeldlose Bezahlung ist mit der VIA-Card möglich (beim ADAC erhältlich für 50 000 und 100 000 Lire; 1998 kostete die Strecke Brenner–Florenz 42 500 Lire). Auf der Brenner-Autobahn (bis Modena) kann man auch mit gängigen Kreditkarten bezahlen. Bei der Rückreise gilt diese Regelung ab Brenner-Auto-

bahn (Modena), unabhängig davon, wo man weiter südlich auf die Autobahn eingefahren ist.

▶ BANKEN

In Banken bekommen Sie einen günstigeren Kurs als in Wechselstuben etc. Geöffnet Mo–Fr von 8.30–13.30 Uhr, teilweise auch von 14.45–16.30 Uhr. Vielfach ist Barabhebung am Geldautomaten mit EC-Karte möglich.

▶ BENZIN

Diesel (»gasolio«) kostet etwa 1400 Lire pro Liter. »Super« 1900 Lire, bleifreies Benzin (»senza piombo«) 1800 Lire. → **Tankstellen**.

▶ BESICHTIGUNGSZEITEN

Staatliche Museen, Ausgrabungsstätten etc. sind geschlossen: Montags, Neujahr, 25. April, 1. Mai, 1. Samstag im Juni, 15. August, Weihnachten.

Da sich die Öffnungszeiten gelegentlich ändern bzw. im Sommer und Winter unterschiedlich sind und deshalb keine Aktualität garantiert werden kann, verzichtet dieses Buch weitgehend auf konkrete Angaben. Kirchen sind gewöhnlich von 9–12 Uhr und von 16–18 oder 19 Uhr geöffnet.

▶ BUSSE

In Ballungsräumen gibt es gute Busverbindungen. Auf dem »flachen Land« an Werktagen mittelmäßige, an Sonn- und Feiertagen kaum Verbindungen.

▶ BUSSGELDER

Z.B. Parkverstöße mindestens 50 000 Lire; »rote Ampel« bis zu 470 000 Lire.

▶ CAMPING

Campingplätze – zum Teil mit Bungalows – haben größtenteils von Mai bis September geöffnet, viele auch ganzjährig. Italienische Klassifikation (wie in diesem Buch) durch 1–5 Sterne (*****), letzteres entspricht der 1. Kategorie. Kostenloses Verzeichnis »Campeggio in Italia« erhältlich bei: Federcampeggio, Via Vittorio Emanuele 11, I-50041 Calenzano, Tel. (055) 88 23 91.

▶ CLUB ALPINO ITALIANO (CAI)

Z. B. Sezione Fiorentina, Via dello Studio 5, I-50100 Firenze, Tel. (055) 23 98 58 0.

▶ DEVISEN → Zahlungsmittel

▶ EUROSCHECKS

Weitverbreitete Akzeptanz, bis 400 000 Lire.

▶ FEIERTAGE

1. Januar (Neujahr). **6. Januar** (Hl. Drei Könige). **25. April** (Tag der Befreiung vom Faschismus). **Ostermontag**. **1. Mai** (Tag der Arbeit). **2. Juni** (Proklamation der Republik, Feier am darauffolgenden Samstag). **Fronleichnam** (Juni) – Feier am Sonntag darauf. **15. August** (Mariä

Abendliche Piazza della Signoria von Florenz.

WANDERN & ERLEBEN

Himmelfahrt – Ferragosto, Höhepunkt der italienischen Sommerferien). **1. November** (Allerheiligen). **4. November** (Tag der Nationalen Einheit, Feier am Samstag darauf). **8. Dezember** (Maria Empfängnis). **25./26. Dezember** (Weihnachten).

 FÜHRERSCHEINENTZUG

Bewahren Sie die Quittung für die Einbeziehung auf. Sie gilt im Heimatland als Ersatz, solange der Führerschein in Italien ist.

▶ GELD → **Zahlungsmittel**

▶ GESCHWINDIGKEITEN

Langsam fahren: Zypressenallee der Maremma.

Autobahn – wenn nicht anders beschildert – 130 km/h. Schnellstraße 110 km/h. Außerhalb geschlossener Ortschaften 90 km/h. Wohnmobile über 3,5 t: Autobahn 100 km/h, ansonsten außerorts 80 km/h. Pkw mit Anhänger: Autobahn 80 km/h, Schnellstraße und außerorts 70 km/h.
Bei Geschwindigkeitsüberschreitung von mehr als 10 km/h mindestens 235 000 Lire Strafe, bei mehr als 40 km/h mindestens 590 000 Lire und möglicherweise Führerscheinentzug.

▶ HOTELS

Hotelverzeichnisse der einzelnen Provinzen siehe → **Auskunft**.
Alberghi und Hotels sind in 5 Kategorien klassifiziert (*****), wie in diesem Buch. *** und **** = mittlere Preislage; Doppelzimmer ohne Frühstück ca. 80 000–130 000 Lire.

Hotels, die nicht bei den Wanderungen erwähnt sind:
Arcidosso
Hotel Toscana***, Via Davide Lazzaretti 47, I-58031 Arcidosso, Tel. (05 64) 96 74 86, Fax 96 70 00. Doppelzimmer ca. 120 000 Lire. Idealer Ausgangspunkt für Wanderungen am Monte Amiata.
Argentario
Villa Domizia***, I-58010 Santa Liberata, Tel. (05 64) 81 27 35, Fax 81 27 35. Doppelzimmer ca. 200 000 Lire. 4 km von Porto Santo Stefano, an der Zufahrt. Einzigartige Lage oberhalb einer Bucht des Monte Argentario an der Stelle einer antiken römischen Villa. Badestrand.

Bagnone

Locanda Lina**, Piazza Marconi 1, I-54021 Bagnone, Tel. (0187) 429069. 4 Doppelzimmer (je 90000 Lire), 1 Einzelzimmer. In einem ehemaligen Adelspalast. Exquisite Spezialitätenküche der Lunigiana. Naheliegend für die Anfahrt auf der Autobahn Parma–La Spezia.

Bibbiena

Hotel Giardino***, Piazza Palagi 2, I-52011 Bibbiena, Tel. (0575) 593194, Fax 536473. Doppelzimmer ca. 90000 Lire. Das geschichtsträchtige Städtchen ist ein für den → **Casentino** zentral gelegener Ausgangspunkt.

Borgo San Lorenzo

Park Hotel Ripaverde****, Viale Giovanni XXIII 36, I-50032 Borgo San Lorenzo, Tel. (055) 849603, Fax 8459379. Doppelzimmer ca. 250000 Lire. Moderne Architektur am Stadtrand. Gute Basis für die Beckenlandschaft Mugello nördlich von Florenz. Eine Pizzeria befindet sich in der Nähe.

Weltberühmt: Michelangelos »David« in Florenz.

Castellina in Chianti

Hotel Salivolpi***, Via Fiorentina 89, I-53011 Castellina, Tel. (0577) 740484, Fax 740998. Doppelzimmer ca. 140000 Lire (mit Frühstück). Etwa 1 km von Castellina in aussichtsreicher Position; kein Restaurant. Schwimmbad. Frühzeitig reservieren!

Castiglioncello

Villa Parisi****, Via Romolo Monti 10, I-57012 Castiglioncello, Tel. (0586) 751698, Fax 751167. Doppelzimmer ca. 300000 Lire. Aus dem Park Zugang ans Meer. Erstklassiges Fischlokal: Trattoria Nonna Isola (Durchgangsstraße).

Castiglione della Pescaia

Piccolo Hotel***, Via Montecristo 7, I-58043 Castiglione della Pescaia, Tel. (0564) 937081. Doppelzimmer ca. 160000 Lire. Familienhotel in Strandnähe. Fahrradverleih.

Florenz

Hotel David***, Viale Michelangelo 1, I-50125 Firenze, Tel. (055) 6811695, Fax 680602. Doppelzimmer mit Frühstück ca. 230000 Lire. Kein Restaurant. Eigener Parkplatz. In schönem Gartengrundstück am Beginn der Straße zum Piazzale Michelangelo.

Livorno

Hotel Gran Duca***, Piazza Micheli 16, I-57100 Livorno, Tel. (0586) 891024, Fax 891153. Doppelzimmer ca. 180000 Lire. Zentral am alten Hafen (Porta Medicco) in einem vorbildlich renovierten, historischen Gebäude. Idealer Stützpunkt für Ausflüge zu den toskanischen Inseln Gorgona und Capraia, für welche die Schiffe im alten Hafen ablegen. Fahrpläne an der Rezeption.

Massa Marittima

Hotel Duca del Mare**, Via Dante Alighieri 1/2, I-58024 Massa Marittima, Tel. (0566) 902224, Fax 901905. Doppelzimmer ca. 105000 Lire. Kanzellage an der Auffahrt in die Altstadt; zu Fuß 5 Min.

Pisa

Hotel Ariston***, Via C. Maffi 42, I-56127 Pisa, Tel. (050) 561834, Fax 561891. Doppelzimmer ca. 130000 Lire. Kein Restaurant. Gebührenpflichtige Straßenparkplätze; Rubbel-Parkscheine (am Kiosk erhältlich) erklären lassen! Unpersönliche Atmosphäre, dafür aber fast unter dem »Schiefen Turm«.

Pitigliano

Albergo-Ristorante Guastini**, Piazza F. Petruccioli 4, I-58017 Pitigliano, Tel. (0564) 616065, Fax 616652. Doppelzimmer ca. 85000 Lire. Phantastische Lage an den Felsabbrüchen; unmittelbar vor der Altstadt. Auch gutes Ristorante.

Siena

Hotel Anna***, Loc. Fontebecci, I-53100 Siena, Tel. (0577) 51371. Doppelzimmer ca. 150000 Lire. Ohne Restaurant. Eigener Parkplatz. Leicht zu finden; an der Straße aus dem Chianti bzw. bei der Ausfahrt der Schnellstraße von Florenz. Stadtbus-Haltestelle.

Tavarenelle

Park Hotel Chianti***, Loc. Pontenuovo, I-50028 Tavarnelle Tel. (055) 807106, Fax 807121. Doppelzimmer ca. 180000 Lire (mit Frühstücksbüfett). Schwimmbad. Gutes Speiselokal in der Nähe. An der Schnellstraße Florenz – Siena (Ausfahrt). Alternative für den Fall, daß im Chianti alles belegt ist!

▶ **JUGENDHERBERGEN**

»Ostelli per la gioventù« werden bei den Wanderungen erwähnt, ebenso Privatherbergen. Übernachtung mit Frühstück ca. 25000 Lire. Informationen erhältlich bei: Associazione Italiana Alberghi per la Gioventù, Via Cavour 44, I-00184 Roma, Tel. (06) 487 11 52.

*»Formaggio« –
Käse gehört
zu den
Leckerbissen
der Toskana.*

▶ KONSULATE

Für Deutschland:
Florenz, Lungarno Vespucci 30, Tel. (055) 29 47 22.
Livorno, Piazza della Vittoria 56, Tel. (05 86) 89 00 08.
Für Österreich:
Rom, Viale Liegi 32, Tel. (06) 8 88 29 66.
Für die Schweiz:
Florenz, Piazza Galileo 19, Tel. (055) 22 24 34.

▶ KRANKENSCHEIN

Auslandskrankenscheine sind gültig, werden jedoch von Ärzten und Zahnärzten abgelehnt. Statt dessen ist Barzahlung erwünscht. Am besten schließen Sie eine Reisekrankenversicherung ab.

▶ KREDITKARTEN

Vornehmlich werden Euro-, Visa- und Master-Card in Banken, vielen Hotels, Restaurants, größeren Tankstellen, Autobahn-Raststätten und Geschäften akzeptiert.

▶ KRIMINALITÄT

Sie ist in der Toskana nicht schlimmer als in Deutschland.

▶ MOBILTELEFON

Mobiltelefone im D1- und D2-Netz sind gestattet. Bezüglich CB-Funkgeräten sollten Sie beim ADAC rückfragen. → **Telefon**.
Telefonieren während des Autofahrens ist in Italien verboten!

▶ NOTRUF

Tel. 113 (Polizei, Notarzt usw.).
Deutschsprachige allgemeine Notrufstation des ADAC: Tel. (02) 66 15 91. → Panne.

▶ PANNE

Tel. 116 in Ortschaften und auf Landstraßen. Auf der Autobahn benutzen Sie die Notrufsäule. Rund um die Uhr können Sie den kostenpflichtigen Straßenhilfsdienst des Italienischen Automobilclub (ACI) in Anspruch nehmen. Bei ADAC-Plus-Mitgliedschaft erhalten Sie gebührenfreie Pannenhilfe bis DM 200 (Abschleppen zur nächsten Werkstatt bis DM 300). → Notruf.

▶ PERSONALDOKUMENTE

Reisepaß oder Personalausweis. Kinder unter 16 Jahren müssen im Paß eines Elternteils eingetragen sein oder einen Kinderausweis mitführen.

▶ POST

Gewöhnlich 8.15–13.30 Uhr, Sa bis 13 Uhr. Keine Telefonverbindungen. Briefmarken und Telefonkarten bei »Tabacchi« kaufen.

▶ POSTSPARBUCH

Abheben kann man bei größeren Postämtern gegen Vorlage eines Personaldokumentes und der Ausweiskarte. Pro Tag kann man maximal einen Betrag im Wert von DM 1000, im Monat insgesamt DM 2000 abheben.

▶ PREISE

Auf Speisekarten meist unten in Kleinschrift der Hinweis »coperto« (für Gedeck, Brot etc.), seltener »servizio« (Bedienung). Diese Beträge müssen zusätzlich bezahlt werden. In manchen Lokalen ist es üblich, die → **Rechnung** an einer Kasse zu begleichen.

▶ PREISNIVEAU

Das Preisniveau ist, mit Ausnahme der Kosten für Café (Espresso usw.), Wein, italienische Tabakwaren und Spirituosen, Kleidung, Schuhe und Lederwaren in der Regel höher als in Deutschland.

▶ PRIVATZIMMER

Werden durch Beschilderung »affitacamere« angeboten.

▶ RECHNUNG

Kassenbons und Rechnungen (»ricevuta fiscale«) für etwaige Kontrollen der Finanzpolizei aufbewahren. Andernfalls können Geldstrafen drohen.

▶ REISEZEIT

Regenreichste Monate: März–Mai, Oktober–November. Heiß und niederschlagsarm: Juli–August. Italienischer Ferienmonat: August. Reisewetterdienst der Lufthansa für → **Florenz** und → **Pisa** Tel. (01 90) 27 07 37.

▶ TABACCHI

Ein schwarzes Schild mit weißem »T« kennzeichnet die Verkaufsstellen für Tabakwaren, Briefmarken (»francobolli«), Telefonkarten, Zeitungen, Wanderkarten, Bücher, Schreibwaren, mitunter Busfahrscheine etc.

▶ TANKSTELLEN

In der Regel geschlossen von 12.30–15 Uhr und von 19.30–7 Uhr. Sa-nachmittags und So reduzierte Bereitschaftsdienste; gilt nicht für Autobahn-Tankstellen.
Selbstbedienungs-Tankstellen (Self-Service) nehmen 10 000-Lire-Scheine. → **Benzin**.

▶ TAXI

Pro Kilometer etwa 2000 Lire, Mindestgebühr etwa 5000 Lire. Zuschläge für Gepäck, Sonntags- oder Nachtfahrten.

Gibt es einen Italiener ohne »Handy«?

▶ TELEFON

Vorwahl nach Deutschland 0049, nach Österreich 0043 und in die Schweiz 0041. Dann Ortsnummer jeweils ohne die erste 0.
Vorwahl nach Italien 0039, dann Orts- und Teilnehmernummer.
Telefonauskunft für Europa: 176.
Telefonieren ist in Hotels usw. erheblich teurer als von öffentlichen Zellen aus. Diese nehmen Münzen (100, 200, 500 Lire) sowie Telefonkarten (»scheda telefonica«) zu 5000, 10 000 oder 15 000 Lire. Bei den Karten muß man vor Gebrauch die perforierte obere linke Ecke abreißen. Billigtarif-Zeiten von 18.30–8 Uhr.

▶ TIERE

Für Hunde und Katzen ist ein tierärztliches Gesundheitsattest notwendig (nicht älter als 30 Tage) sowie eine Tollwutimpfbescheinigung (mindestens 20 Tage alt), die höchstens 11 Monate (für Katzen 6 Monate) vor Einreise ausgestellt wurde.
Größere Hunde müssen in der Öffentlichkeit mit Maulkorb und an der Leine gehalten werden.

WANDERN & ERLEBEN

Schafe sind immer noch ein Bestandteil der Landwirtschaft.

▶ TRINKGELD

Üblicherweise ist Trinkgeld in der Rechnung inbegriffen. Bei Zufriedenheit in Bars ein paar Münzen in das dafür aufgestellte Schälchen legen.

▶ ÜBERNACHTUNG

→ **Agriturismo**, → **Camping**, → **Hotels**, → **Jugendherbergen**, → **Privatzimmer**.

▶ VERKEHRSMÖGLICHKEITEN

→ **Anreise**, → **Busse**, → **Taxi**.

▶ VERSICHERUNGSKARTE

Bei Kontrollen und Unfällen wird die Grüne Versicherungskarte verlangt.

▶ WÄHRUNG → **Zahlungsmittel**

▶ WETTER → **Reisezeit**

▶ ZAHLUNGSMITTEL

Italienische Lira. Wechselkurs Ende 1998 in Deutschland:
1000 Lire = 1,09 DM.
1 DM = 917 Lire.
→ **Banken**, → **Eurochecks**, → **Kreditkarten**, → **Postsparbuch**.

▶ ABBADIA ISOLA

Höhe: 200 m	Karte: G 7
Einwohnerzahl: etwa 50	Wanderung 13

Lage: Westlich von → **Monteriggioni.**

Geschichte: Stiftung der Zisterzienserabtei San Salvatore 1001 durch Contessa Ava di Staggia an einer damals von Sümpfen umgebenen Stätte, deswegen der Name »Isola« (Insel). Blütezeit: 12.–14. Jh.; Ruine.

Sehenswert: Lombardisch-romanische **Basilika.** Der bestehende Bau wurde dem hl. Salvatore und Cirino geweiht. Ein Stützenwechsel von Säulen und kreuzförmigen Pfeilern trägt die Arkaden; Balkendach. Den Chorabschluß bilden drei Apsiden, die von außen betrachtet besonders reizvoll sind. Beim Presbyterium fanden Archäologen Reste der ersten Kirche von 1001. Gotisches Taufbecken (1419). An der linken Seitenwand Himmelfahrtsfresko (um 1525). Im rechten Chorraum ein langobardischer Sarkophag, laut Überlieferung der Sarg der Stifterin. Schlüssel im Haus Nr. 1 (nach dem Tordurchgang rechts) bei Lastrucci.

▶ ALBERESE

Höhe: 5 m	Karte: G 11
Einwohnerzahl: etwa 1200	Wanderung 21

Lage: Südlich von Grosseto, an der antiken Via Claudia Rom–Marseille.

Bemerkenswert: Informationsbüro (Centro Visita di Alberese) des → **Naturparkes Maremmen.** Abfahrt der Busse zum Ausgangspunkt der Wanderungen. Bus- und Eintrittsticket am Schalter.

Wappen am Geburtshaus des Leonardo da Vinci.

Sehenswert: Der **Torneo dei Butteri** (Reiterspiel) findet Anfang Mai und am 15.8 statt. Am 17.8. erfolgt die **Reiterprozession** nach Marina di Alberese.

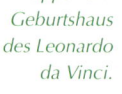

▶ ANCHIANO

Höhe: 210 m	Karte: F 4
Einwohnerzahl: Etwa 200	Wanderung 27

Lage: Nordwestlich von → **Vinci,** an den Flanken des → **Monte Albano.**

Bemerkenswert: In einem Haus des Streuweilers befindet sich die Geburtsstätte (casa natale) von Leonardo da Vinci. Außerdem ist ein Wanderparkplatz vorhanden.

Abbadia Isola: Klassische Romanik der Klosterkirche.

▶ **ANSEDONIA** → **Cosa**

▶ **APENNIN**

| *Höhe: bis 2914 m* | *Karte: B 1–J 4* |
| | *Wanderungen 3 und 4* |

Lage: Gebirgssystem, das die Apenninenhalbinsel rückgratähnlich durchzieht, in Fortsetzung der Ligurischen Alpen über die Abruzzen (Gran Sasso, 2914 m).

Bemerkenswert: Für Weitwanderer erschlossen durch den Apenninen-Höhenweg. Der toskanische GEA (Grande Escursione Appenninica) führt rund 400 km vom Passo dei Due Santi (Ligurien) zum Passo di Bocca Trabaria (Umbrien).

▶ **APUANISCHE ALPEN**

| *Höhe: bis 1946 m* | *Karte: C/D 3* |
| | *Wanderungen 28, 29, 30* |

Lage: Nordwestlich von → **Lucca**

Geographisches: Die Alpi Apuane erstrecken sich in Ellipsenform von Südosten (Serchio) nach Nordwesten (Lunigiana) – südwestlich begrenzt von der Versiliaküste, nordöstlich von Garfagnana. Längsausdehnung 40 km, größte Breite 20 km, jeweils gemessen an dem 1992 ausgewiesenen »Parco Naturale delle Alpi Apuane« (54 337 ha). Gewaltige Bergstöcke, kühne Gestalten. Höchster Gipfel: Monte Pisanino, 1946 m. Rund 800 markierte Wegekilometer.

Bemerkenswert: Das »Gold« der Apuanischen Alpen ist der Marmor, dessen Abbau unübersehbare, gräßliche Wunden in die Landschaft reißt, als Wirtschaftsfaktor aber unentbehrlich zu sein scheint.

▶ ## Archäologischer Park DI SAN VINCENZINO

Höhe: etwa 6 m	*Karte: D 7*
	Wanderung 24

Lage: Nördlicher Stadtrand von → **Cecina**
Bemerkenswert: Der Parco Archeologico ist eingebunden in die Villa des Albinus Cecina. Museum. Einzigartig erhaltene unterirdische Zisterne.

▶ ## Archäologischer Park POPULONIA

Höhe: bis etwa 120 m	*Karte: D 9*
	Wanderung 22

Lage: Nördlich von Piombino, zu Füßen von → **Populonia** am → **Golfo di Baratti.**
Geschichte: Eröffnet wurde der Park 1998. Er umfaßt etwa 80 ha. Offizieller Name: Parco Archeologico di Baratti e Populonia.
Bemerkenswert: Drei bezeichnete Wege erschließen das Gelände bzw. die etruskische Nekropole von Populonia. Eintritt: 20 000 Lire (1998). Das Ticket ist 7 Tage gültig und gewährt 50 % Ermäßigung im → **Bergbaupark San Silvestro** → **Rocca di San Silvestro.**
Öffnungszeiten: Di–So, im August auch Mo.

Die Apuanischen Alpen, ein reizvolles Gebiet für Wanderer.

► AREZZO

Höhe: 296 m	*Karte: K 6*
Einwohnerzahl: 90 884	*Wanderung 7*

Lage: Osttoskana, in der nördlichsten Val di Chiana.

Geschichte: Wahrscheinlich Umbrergründung. Entwicklung zur etruskischen Siedlung im Laufe des 6. Jh. v. Chr. Zwischen 5. und 3. Jh. eine der wichtigsten etruskischen Städte, Mitglied im Dodekapolis (Zwölf-Städte-Bund). Unter Rom lagen in »Arretium« zeitweise mehrere Legionen. Im Hochmittelalter, 1098, erkämpften die von Bischöfen geknebelten Aretiner nach Pisa und Lucca eine Konsulatsverfassung. Ab 1384 florentinisch. Provinzhauptstadt.

Sehenswert: Museo Archeologico (neben dem Amphitheater).

Anfiteatro Romano (frühes 2. Jh.). Größte derartige Anlage Etruriens: 121 x 68 m, 8000 Zuschauer.

Petrarca-Denkmal errichtet 1928 von den Faschisten. Der Dichter, Geistliche und Diplomat Francesco Petrarca (1304–1374) gilt als größter italienischer Lyriker und Mitbegründer des Humanismus.

Fortezza, Baubeginn 1530 unter Großherzog Cosimo I. gegen äußere Feinde, aber auch gegen die Bevölkerung, als verzögerte Antwort auf ihre Rebellion 1502.

Piazza Grande mit Pieve di Santa Maria Assunta.

Dom San Donato, gotisch, ab 1277; Langhaus und Fassade stammen aus dem frühen 16. Jh. Links neben dem Eingang befindet sich die Ruhestätte des 1276 in Arezzo verstorbenen Papstes Gregor X. Im Hauptaltar das Grab des hl. Donatus. Neben der Sakristei sieht man das Fresko »Hl. Magdalena« von Piero della Francesca. In der Sakristei ist der Museo Diocesano.

Casa del Petrarca. Geburtsstätte des Dichters (20.7.1304) Francesco Petrarca – Sohn eines aus Florenz vertriebenen Notars. Die Familie ging wieder nach Florenz zurück. Petrarca weilte später nur einmal in Arezzo; meist hielt er sich am päpstlichen Hof in Avignon auf.

Piazza Grande, Mittelpunkt des städtischen Lebens, gesäumt von romanischen, gotischen und Renaissance-Bauwerken; mittelalterliche Häuser mit Holzbalkonen. Am ersten September-Sonntag wird hier das historische Reiterturnier »Giostro del Saracino« ausgetragen.

Pieve di Santa Maria, eine der bedeutendsten romanischen Kirchen der Toskana, Baubeginn 1111, im 16. Jh. Modernisierung durch Vasari. Campanile (58 m) von 1330. Krypta mit Glasvitrine der Reliquienbüste des hl. Donatus. Großartigstes Kunstwerk: Flügelaltar (1320) über dem Hochaltar von Pietro Lorenzetti, seinerzeit ein Hauptmeister der sienesischen Schule.

Chiesa San Francesco, weltberühmter Freskenzyklus »Legende vom hl. Kreuz« des Piero della Francesca.

▶ BARATTI

Höhe: 5 m	*Karte: D 9*
Einwohnerzahl: Etwa 50	*Wanderung 22*

Lage: Am gleichnamigen Golf nördlich von Piombino am südlichen Ende der → **Riviera degli Etruschi.**

Geschichte: Als Mitte des 5. Jh. v. Chr. auf Elba der Waldvorrat erschöpft war und deshalb Holzkohle für den Schmelzvorgang (700 °C) fehlte, verlegten die Etrusker die Verhüttung der bei → **Campiglia Marittima** gewonnenen Rohstoffe nach Baratti. Rund 2 Millionen Tonnen Schlacke wurden rücksichtslos auf einem Teil der Nekropole »entsorgt«. Das Gelände wurde vor dem Ersten Weltkrieg freigelegt, als Italien für Rüstungszwecke die Ablagerungen verhüttete, denn sie enthielten noch 54 % Eisen.

Sehenswert: → **Archäologischer Park Populonia.**

▶ BERGBAUPARK SAN SILVESTRO

Höhe: bis 324 m	Karte: E 8
	Wanderung 23

Bergfried der Burgruine Rocca di San Silvestro.

Lage: Nordöstlich von Piombino, südöstlich von San Vincenzo bei → **Campiglia Marittima**
Bemerkenswert: 1996 wurde der Parco Archeominerario di San Silvestro (450 ha) eröffnet. **Bergbauarchäologie-Freilicht-Museum** von der Antike bis 1978. Im Besucherzentrum Temperino befindet sich das **Mineralienmuseum**. Führungen (¾ Std.) in einem 360 m langen Stollen. Vier Lehrpfade unterschiedlicher Länge. Deutsches Informationsmaterial. Das Gesamtticket (1998 = 20 000 Lire) ist sieben Tage gültig und gewährt im → **Archäologischen Park Populonia** auf das Ticket 50 % Ermäßigung.

Der Bergbaupark ist von Juni bis September geöffnet; Mo geschlossen, außer im August. Oktober bis Mai nur Sa/So geöffnet.

Sehenswert: Campiglia Marittima. Südwestlich gelegen. Mittelalterlich geprägtes Städtchen. Palazzo Pretorio mit Podestà-Wappen des 15./16. Jh. Museum. Fortezza 1999 »in restauro«.

▶ CAMPIGLIA MARITTIMA

→ **Bergbaupark San Silvestro.**

▶ CASENTINO

	Karte: J/K 4/5
	Wanderung 6

Lage: Landschaft in der Nordosttoskana, östlich des → **Pratomagno** um das obere Arnotal. Weite Landschaftsteile gehören zum → **Nationalpark Foreste Casentinesi, Monte Falterona e Campigna.**

▶ CASTAGNO D'ANDREA

Höhe: 716 m	Karte: J 4
Einwohnerzahl: etwa 1100	Wanderung 4

Lage: Südöstlich von → **Florenz** am → **Nationalpark Foreste Casentinesi, Monte Falterona e Campigna.** Sommerfrische, Fraktion von San Godenzo.

Bemerkenswert: Geburtsort des Malers Andrea del Castagno (um 1412–1457), eines Bahnbrechers der Frührenaissance in Florenz.

Sehenswert: Pfarrkirche San Martino. Dramatisch-realistische Malereien (Johannes und Maria bei der Kreuzigung) von Pietro Annigoni (geb. 1910), hochgelobt, aber auch umstritten. Der Künstler versteht sich als Repräsentant eines »Neuen Humanismus«.

→ **San Godenzo.** Ferienort (389 m) an der Staatsstraße 67; Zufahrt nach Castagno d'Andrea. Von der im 11. Jh. gegründeten Benediktinerabtei (ab 1482 Servitenkloster) existiert noch die 1029 geweihte romanische Pfeilerbasilika. San Godenzo wurde 1944 beim Rückzug der Deutschen Wehrmacht bis auf die Kirche gesprengt.

▶ CASTELLINA IN CHIANTI

Höhe: 578 m	Karte: G 6
Einwohnerzahl: 2516	Wanderung 9

Lage: Südliches → **Chianti.**

Geschichte: Das Dreieck Castellina–Radda–Brolio bildet die Herzkammer des historischen Chianti. Diese Kommunen gründeten im 13. Jh. die militärische »Lega Chiantigiana«, um zwischen den Machtblöcken Florenz und Siena nicht aufgerieben zu werden. Dennoch wurde Castellina eine florentinische Grenzfeste.

Sehenswert: Mittelalterliche **Burg** (»Rocca«); **Museum.**

Am nördlichen Ortsrand, oberhalb des Albergo Il Colombaio, die **»Tombe Etrusche«** (spätes 7. Jh. v. Chr.). Durchmesser 53 m; vier, nach den Himmelsrichtungen ausgerichtete Eingänge in die Grabkammern. Am Maschendrahtzaun-Eingang rechts im Elektrokasten Knopf für die Beleuchtung!

Pfarrkirche mit romanischem Campanile.

▶ CASTELLO DEI RAMPOLLA

Höhe: 360 m	Karte: G 6
	Wanderung 9

Lage: Südwestlich von → **Panzano** an den Südhängen des Pesatales, zu denen die Mulde Conca d'Oro (Goldene Muschel) gehört, einer der vorzüglichsten Chiantiböden.

Geschichte: Seit 1740 Sitz der sizilianischen Fürstenfamilie di Napoli. Principessa Livia, die sehr gut deutsch spricht, entstammt dem Geschlecht der Borgia und war verheiratet mit Fürst Alceo di Napoli. Als er starb, setzte ihr Sohn Matteo, verheiratet mit einer Österreicherin und Weinwissenschaftler, das Qualitätsverständnis des Hauses fort. Rampollas 40 ha Reben – pro Hektar 10 000 Stöcke – bringen jährlich 90 000 bis 100 000 Flaschen, davon 70 000 »Chianti Classico« vom allerbesten. **Weinprobe:** Tel. (055) 85 20 01.

▶ CASTELLO DI BROLIO

| Höhe: 529 m | Karte: H 6 |
| | Wanderung 10 |

Lage: Südliches → **Chianti,** nordöstlich von → **Siena.**
Geschichte: Seit dem 13. Jh. Besitz der Barone Ricasoli. 1529 von Siena im Kampf gegen Florenz zerstört. Neugotische Gestalt ab 1860 unter Bettino Ricasoli; 450 m langer Mauergürtel. Besichtigung der Mauern und der 1348 geweihten Jakobskapelle (Ricasoli-Gräber).
Wirtschaft: Größtes Weingut der Toskana. Ständig lagern 20 Millionen Liter, gären in riesigen Fiberglastanks, reifen in 650 Holzfässern. Jährlicher Absatz: 1 Million Flaschen, hauptsächlich »Chianti Classico«. Detailverkauf.
Bemerkenswert: Bettino Ricasoli (1809–1880), der »eiserne Baron« des Risorgimento (Vereinigung Italiens), diente der Regierung von König Vittorio Emanuele II im Palazzo Pitti zu Florenz. Dieser Edelmann soll aus vier Traubensorten die Zusammensetzung des klassischen »Chianti« kreiert haben.

Die Südfront des Castello di Brolio.

▶ CECINA

Höhe: 15 m	Karte: D 7
Einwohnerzahl: 25 814	Wanderung 24

Lage: Südlich von Livorno, an der → **Riviera degli Etruschi.** Badeort Marina di Cecina und Stadt Cecina an der römischen Via Aurelia sowie am Beginn der → **Strada del Vino.**

Geschichte: Um die Mitte des 1. Jh. erbaute der Konsul Albinus Cecina, ein romanisierter Etrusker aus → **Volterra** an der Mündung des Flusses Cecina eine Villa, die bis ins 5./6. Jh. bestand. Stadtentwicklung 2. Hälfte des 19. Jh. 1893 erstes Strandbad.

Sonnenuntergang am Mare Tirreno vor Cecina.

Sehenswert: → **Archäologischer Park di San Vincenzino.**

▶ CELLOLE

Höhe: 385 m	Karte: F 6
Einwohnerzahl: Etwa 30	Wanderung 14

Lage: Nordwestlich von → **San Gimignano,** versteckt auf einer Anhöhe; Streuweiler und Kirche.

Bemerkenswert: Die Atmosphäre um die »Pieve« inspirierte Giacomo Puccini bei der Komposition seiner Oper »Schwester Angelica«. In der Nähe sind Etruskergräber lokalisiert worden.

Sehenswert: **Pieve di Cellole,** romanisch (1190–1238), auf den Grundmauern einer älteren Kirche. Lombardische, französisch beeinflußte Ornamentik in der Apsis. Geöffnet bei der Sonntagsmesse 11 Uhr.

▶ CHIANTI

	Karte: G/H 6/7
	Wanderung 8, 9 und 10

Lage: Weinregion zwischen → **Florenz** und → **Siena**

Bemerkenswert: Von Eichen- und Kastanienwäldern durchsetzte Hügellandschaft. »Chianti« ist wahrscheinlich aus dem Namen einer etruskischen Familie abgeleitet worden; 1404 urkundlich erwähnt. Im langgestreckten Kamm der Monti del Chianti Höhen über 800 m. Mergeliger Kalkfels lagert in steilen Schichten, darüber eine dünne, steinige Scholle. Wacholder und Heidekraut wachsen in hohen Stauden. Ausgedehnte Rebkulturen. Zypressenalleen wie schweigende Prozessionen.

Der Wein: Mindestalkoholgehalt 11,5%. Ursprünglich gekeltert aus etwa 95% roter Sangiovese- und Canaiolotrauben; der Rest aus Trebbiano und Malvasia. Inzwischen verzichtet man auf die beiden letzten vollständig oder gibt nur ganz wenig Cabernet bei: weltweit unter den Spitzengewächsen einer der besten »Roten« (→ **Castello dei Rampolla**); Jahresproduktion rund 950 000 Hektoliter. Weiteres über Toskanaweine siehe Seite 17.

Arbeit am Rebenstock.

▶ CHIANTIGIANA

Karte: G 5–7
Wanderungen 8, 9

Lage: Weltberühmte Weinstraße zwischen → **Florenz** und → **Siena**.
Bemerkenswert: Ferienstraße, identisch mit der Staatsstraße 222 durch das → **Chianti** über → **Greve in Chiante**, → **Panzano**, → **Castellina in Chianti**.

▶ CHIUSI DELLA VERNA

Höhe: 952 m   *Karte: K 5*
Einwohnerzahl: etwa 800   *Wanderung 6*

Lage: Im südöstlichen → **Casentino**, nördlich von → **Arezzo**, zu Füßen des → **Santuario La Verna**.
Geschichte: Einst stark befestigte, bereits 802 unter Karl dem Großen erwähnte Klause (ital. chiusa); Übergang aus dem Casentino ins obere Tibertal.
Sehenswert: Santuario La Verna
Caprese Michelangelo. Südlich (10 km), Geburtsstätte Michelangelos (1475–1564) ist die **Casa del Podestà**, wo sein Vater Lodovico als Bürgermeister tätig war; **Museum** → **Settignano**.

▶ COLLINE METALLIFERE

Höhe: bis 530 m   *Karte: E/F 8*
                                   Wanderung 16

Lage: Mittelgebirge südwestlich von → **Siena**, nördlich von Massa Marittima. → **San Dalmazio**.
Geschichte: Ältestes Erzabbaurevier des westeuropäischen Festlandes. Schon vor 2500 Jahren gruben Etrusker in engen, höhlenartigen Schächten von geringer Tiefe vor allem nach Kupfer in Form von Chalkopyrit (Kupferkiesel) sowie nach Eisen, Zinn, Silber, Blei.

WANDERN & ERLEBEN

▶ COSA

Höhe: 113 m	Karte: G 12
	Wanderung 20

Lage: An der → **Costa d'Argento,** westlich der Halbinsel Monte Argentario. Auf der Kuppe der Villensiedlung → **Ansedonia.**

Geschichte: 273 v. Chr. von Rom als erste Stadt Italiens auf fremdem (etruskischen) Territorium gegründet, nachdem die Via Aurelia drei Jahrzehnte vorher von Rom bis dorthin gelegt worden war. In rund 300 Häusern lebten 9000 Personen. Verfall bzw. Zerstörung im 5. Jh. n. Chr.

Sehenswert: Instruktive **Ruinen** der antiken urbanen Gegebenheiten. **Museum.** → **Tagliata Etrusca.**

Auf der Akropolis des römischen Cosa.

▶ COSTA D'ARGENTO

	Karte: G 12
	Wanderung 20

Lage: Zwischen der Landspitze von Talamone im Norden und dem Lago di Burano im Süden; Bestandteil der → **Maremmen.** Die »Küste des Silbers« bildet ein Stück der Toskanaküste.

Bemerkenswert: Argento hängt mit dem Monte Argentario (Silberberg) zusammen: benannt nach den »argentarii«, der reichen, mit Kaiser Nero eng verwandten Familie Ahenobarbi, den antiken Eigentümern des »Argentarius«.

▶ CRETE SENESI

Höhe: bis 278 m	Karte: H 7
	Wanderung 11

Lage: Südöstlich von → **Siena,** südlich der Staatsstraße 73.

Bemerkenswert: »Creta« ist das italienische Wort für Tonerde, Lehm oder Kreide. In den Crete Senesi, einer faszinierenden Landschaftsform mit bizarren Hügelwellen, ist dies augenscheinlich: Aschgrauer Ton wie aufgesprungene Krusten, bei Trockenheit betonhart und vo feinen Rissen ziseliert. Weder Olivenkulturen noch Rebstöcke sin hier zu finden, statt dessen goldgelbe Getreidefelder. Auf den Hügel setzen Häuser und Zypressen in klaren Konturen graphische Akzente

WANDERN
& F

► EREMO DI CALOMINI → **Grotta del Vento**

► FATTORIA NITTARDI

| Höhe: 460 m | Karte: G6 |
| | Wanderung 9 |

Lage: Schwach nordwestlich von → **Castellina in Chianti.**
Wirtschaft: 1980 erwarb der Frankfurter Verleger Peter Femfert den aus einem 1182 erstmals erwähnten turmförmigen Festungswerk hervorgegangenen Komplex (Vorbesitzer u. a. Michelangelo) und erweckte ihn mit seiner Frau Stefania Canali, promovierte Kunsthistorikerin aus Venedig, zu neuem Leben, als Sprach-, Mal- und Kochschule sowie für Kultur- und Gourmetwochen. Sorgfältige Traditionspflege im Wein- und Olivenanbau. Info: Dr. Stefania Canali-Femfert, Eppsteiner Straße 3, 60323 Frankfurt/Main.

► FIESOLE

| Höhe: 295 m | Karte: G4 |
| Einwohnerzahl: 15056 | Wanderung 2 |

Lage: Auf den Hügeln nördlich von → **Florenz.**
Geschichte: Im 6. Jh. v. Chr. haben hier die Etrusker Fuß gefaßt. Zeugnisse urbaner Strukturen (z. B. 2,5 km lange Stadtmauer) reichen allerdings nicht über das 3. Jh. hinaus. Dem frühen 3. Jh. gehören Rudimente eines vermutlich der etruskischen Menrva (Minerva) geweihten Tempels auf dem Ausgrabungsgelände an. Obwohl von den Römern 90 v. Chr. zerstört und nach ihren kultischen Bedürf-

Die römische Therme im Ausgrabungsgelände Fiesole.

nissen neu erbaut, blieb Mauerwerk erhalten: das einzige eines Etruskertempels in der Toskana. Der etruskische Ortsname könnte »Visul« oder »Vispul« gelautet haben. 283 v. Chr. Verlust der Unabhängigkeit durch die römische Republik.

Sehenswert: Area Archeologica Fiesole, Museum und etruskisch-römische Ausgrabungen, u. a. das Theater (2500 Plätze) sowie die Therme (4500 qm): besterhaltenes römisches Bad in der Toskana.

Dom San Romolo, 1028 begonnen, schlichte toskanische Romanik; Glockenturm von 1213.

Historischer Spaziergang. Zwischen dem **Bischofspalast** (Palazzo Vescovile, 1028) und dem **Priesterseminar** (1637) führt ein Pflastergäßchen (Via di San Francesco) hinauf zum **Parco Rimembranza:** Ehrenmal für die Gefallenen des Ersten Weltkrieges, Gedenkstätte für drei Carabinieri, die 1944 in Fiesole von deutschen Soldaten ermordet wurden. Auf der Kuppe (antike Akropolis), an der Stelle der romanischen **Basilica Sant'Alessandro,** stand ein etruskisches Heiligtum, die Römer verehrten hier Bacchus. Erster christlicher Friedhof. Im **Franziskanerkloster** spartanisch ausgestattete Museumszellen.

Romanischer Glockenturm des Domes San Romolo.

▶ **FLORENZ**

Höhe: 49 m	Karte: G 4/5
Einwohnerzahl: 380 058	Wanderung 1

Lage: Zwischen den Landschaften Mugello und → **Chianti,** am Arno.

Verkehr: Verkehrsdichteste Stadt der Toskana. Parkplätze: Fortezza da Basso (nördlich Bahnhof). Am Bahnhof (stazione) bewachte Tiefgarage. Passend für Wanderung 1: Piazzale Michelangelo, ab Autobahnausfahrt »Firenze Certosa«.

Geschichte: Die von Cäsar um 60 v. Chr. gegründete Veteranen-Kolonie »Fiorentina« versank etwa 500 Jahre später mit dem Untergang des Weströmischen Reiches in Bedeutungslosigkeit. Erst 1115, als Florenz eine Stadtrepublik geworden war, begann der Aufschwung zur angesehensten Kommune Mittelitaliens – rund 500 Jahre lang. Ab 1443 diktierte die Kaufmannsfamilie der Medici das Geschehen. Sie verhalf der Stadt zur höchsten Blüte, verbunden mit einer Wiedergeburt (rinascimento) abendländischer Kunst, der Renaissance (ca. 1420–1520), die Florenz zu einer einzigartigen Kunst- und Kulturmetropole machte.

*Die Arno-
metropole
mit dem Turm
des Palazzo
Vecchio
und der
Domkuppel
(kleines Bild).*

*«David»-
Kopie auf der
Piazza della
Signoria.*

Hauptstadt der Region Toskana. Jährlich rund 6,5 Millionen Besucher.

Sehenswert: Sakrale Bauwerke: **Dom Santa Maria del Fiore.** Länge 160,5 m, Breite 43 m, Fassadenhöhe 50 m, Kuppelhöhe 114,4 m. Nach Rom und Mailand größte Kirche Italiens; Platz für 25 000 Menschen. 1296 gotisch begonnen unter Arnolfo di Cambio aus Colle di Val d'Elsa. Nach dessen Tod um 1310 unterbrochen. 1334 ging Giotto di Bondone an die Konstruktion des 84,70 m hohen **Campanile** in mehrfarbiger Marmorverkleidung. 1436 schloß Filippo Brunelleschi (1377–1446), der Schöpfer der Renaissancearchitektur, die Kirche mit einer freitragenden, doppelschaligen Kuppel. **Baptisterium,** ältestes Bauwerk (1059–1128) am Domplatz, Achteckkonstruktion aus weißem und grünem Marmor. Glanzstücke: drei Bronzetüren unterschiedlicher Stilepochen, u.a. gegenüber der Domfassade das Ostportal im Stil der Frührenaissance, von dem Michelangelo infolge der künstlerischen Qualität als »Porta del Paradiso« schwärmte, Hauptwerk (1425–1452) des Lorenzo Ghiberti. Die zehn Bildtafeln (Originale im Dommuseum) interpretieren Szenen des Alten Testaments.

San Lorenzo, umgeben vom Mercato Centrale. Renaissancebau, begonnen 1419 unter Brunelleschi; Pfarrkirche der Medici. In der Krypta die Gebeine von Cosimo dem Alten (1389–1464) sowie seinem Lieblingsbildhauer Donatello (1386–1466), der die beiden Bronzekanzeln im Kirchenschiff schuf. In der Querhauswand das von Andrea del Verrocchio gestaltete Grabmal der Cosimo-Söhne Giovanni und Piero. Angebaut (eigener Zugang) die musealen **Cappelle Medicee,** an deren Innenausstattung qualifizierte Kunsthandwerker von 1605 bis ins 20. Jh. arbeiteten.

Santa Croce, größte Franziskanerkirche (115,4 x 38,2 m) und ein Hauptwerk der Gotik. Begonnen 1294 durch den Dombaumeister Arnolfo di Cambio, 90 Jahre später fertiggestellt. Gewissermaßen eine Ruhmeshalle Italiens, bezogen auf die Grabmonumente und

-denkmäler. Z.B. Michelangelo (1475–1564), Machiavelli (1469–1527), Galileo Galilei (1564–1642), Dante (ruht in Ravenna).

San Miniato al Monte, vollendet 1207. Nach dem Baptisterium wichtigste Schöpfung der florentinischen Romanik. Gotische Sakristei, Freskenzyklus zur Vita des hl. Benedikt. Hinter dem Tabernakel (Medici-Stiftung) Zugang in die Krypta mit den Gebeinen des hl. Minias. Er wurde bei den Christenverfolgungen unter Kaiser Decius anno 250 in Florenz hingerichtet – und soll mit dem Kopf in der Hand über den Arno gelaufen sein und ihn an dieser Stelle niedergelegt haben …

Santo Spirito, 1436 begonnen. Letzte Brunelleschi-Schöpfung. In der Nerli-Kapelle (rechtes Seitenschiff) malte Filippino Lippi (1457–1504), würdiger Nachfolger seines Vaters Filippo, die »Jungfrau mit Kind, Heiligen und Stiftern«. Links der unvollendeten Fassade ist der Eingang des ehemaligen **Augustinerklosters,** das 1250 die erste Kirche errichten ließ. Im Refektorium spätgotische »Kreuzigung« sowie »Cenacolo di Santo Spirito« (Abendmahl). Im Spital, das zum Kloster gehörte, soll Michelangelo beim heimlichen Sezieren von Toten seine Anatomiekenntnisse erworben haben.

Ponte Vecchio, älteste erhaltene Brücke über den Arno.

Profane Bauwerke: **Piazza della Signoria** mit Neptunsbrunnen, Reiterstandbild des toskanischen Großherzogs Cosimo I. und dem **Palazzo Vecchio** (Rathaus): bedeutendste Offenbarung der Profanarchitektur; Turm 94 m hoch. Benachbart die **Galleria degli Uffizi,** eine der weltweit berühmtesten Gemäldegalerien; ursprünglich Verwaltungssitz des Herzogtumes Toskana, erbaut unter Giorgio Vasari (1511–1574).

Ponte Vecchio, älteste (um 1345), einzige von den Deutschen 1944 nicht gesprengte und populärste Arnobrücke. Über den Ladengeschäften der »Corridoio Vasariano«, eine in Gefahrenzeiten sichere Verbindung zwischen Uffizien und **Palazzo Pitti,** dem monumentalsten aller Florentiner Paläste (Museen). Ab 1546 Medici-Besitz, genau gesagt der Eleonora von Toledo, Gemahlin Cosimos I.

Galleria dell'Accademia, u.a. Skulpturen von Michelangelo, so der einmalige, mehr als 4 m hohe David (1501–1504).

FORTE DI BIBBONA

Höhe: 5 m	*Karte: D 7*
Einwohnerzahl: etwa 1500	*Wanderung 24*

Lage: Südlich von → **Cecina,** an der → **Riviera degli Etruschi.**

Bemerkenswert: Mit Marina di Bibbona vielbesuchter Ferien- und Badeort; lange Sandstrände.

▶ **GOLFO DI BARATTI**   → **Baratti**

▶ **GREVE IN CHIANTI**

Höhe: 236 m	*Karte: G 6*
Einwohnerzahl: 12 242	*Wanderung 8*

Lage: Nördliches → **Chianti.**

Sehenswert: Dreieckiger, von Lauben umgebener **Marktplatz** »Il Mercantilo«, offiziell Piazza Giacomo Matteotti (sozialistischer Politiker, 1924 von Faschisten in Rom ermordet); Sa Markt. Auf dem Platz Denkmal für **Admiral Giovanni da Verrazzano** (1485–1528), Entdecker der Hudson Bay (New York).

Pfarrkirche Santa Croce, Triptychon (15. Jh.) des Florentiners Bicci di Lorenzo, eines Meisters des Trecento (14. Jh.).

Weinfest »Rasegna del Chianti Classico« Mitte September.

Einkaufen: An der Westseite des Marktplatzes ausgezeichnete Wurstwaren in der 300 Jahre alten Macelleria Falorni; deutsches Info-Faltblättchen. Weine in der Enoteca Chianti Classico.

▶ **GROTTA DEL VENTO**

Höhe: 620 m	*Karte: C 3*
	Wanderung 29

Lage: → **Apuanische Alpen,** westlich von Gallicano/Garfagnana.

Bemerkenswert: Meistbesuchtes und großartigstes westeuropäisches Höhlensystem. Steiganlagen, bis 132 m tief, verzweigt auf etwa 3,5 km. Konstante Temperatur 10,7 °C. Führungen. Deutsches Info-Faltblatt.

Sehenswert: Eremo di Calomini. Bei der Fahrt in Richtung Grotta tritt hinter Gallicano rechts oben unter Felsüberhängen der Eremo ins Blickfeld, die am abenteuerlichsten plazierte Wallfahrtsstätte (seit dem 11. Jh.) der Toskana. Zufahrt (1,2 km) spitzwinkelig rechts auf schmaler Straße. Kirche (18. Jh.), Eremitage angeblich 637 gegründet; preiswerte Antica Trattoria.

WANDERN & ERLEBEN

LARDERELLO → **San Dalmazio**

 LUCCA

Höhe: 19 m	*Karte: D 4*
Einwohnerzahl: 85 717	*Wanderung 26*

Lage: Nordwestliche Toskana, nordöstlich von → **Pisa,** am Serchio.
Geschichte: »Luk« bedeutet im Ligurisch-Etruskischen soviel wie Sumpf. Dort schuf Rom während des späten 3. Jh. v. Chr. die Stadt. Ab 570 unter den Langobarden toskanische Metropole. 1117 Unabhängigkeit. 1162 Freie Reichsstadt durch Kaiser Barbarossa. Bau des gewaltigen Schutzringes zwischen 1504 und 1645; Armierung: 126 Kanonen. Lucca blieb von den Eroberungen der Medici verschont. Die Republik mußte sich erst 1799 Napoleon beugen. Er schuf ein Fürsten- und Herzogtum, das 1847 zur Toskana kam. Provinzhauptstadt. Innerhalb der Mauern leben rund 10 000 »dentri«, zum Unterschied der restlichen »fuori«.

Piazza del Mercato, das Oval des römischen Amphitheaters.

Bemerkenswert: Spaziergang auf dem 4,2 km langen, besterhaltenen Festungsring Italiens: Passeggiata delle Mura. Die 12 m hohen Mauern sind an der Basis 30 m stark; elf herzförmige Bastionen.
Sehenswert: Dom, geweiht dem hl. Martin, erneuert vom 13. bis 15. Jh., phantastische Fassade. In einem vergitterten Kapellenbau (linkes Seitenschiff) der sogenannte »Volto Santo« (Heiliges Antlitz), laut Legende vom hl. Nikodemus aus libanesischem Zedernholz geschnitzt und in einem herrenlosen Boot anno 782 beim ligurischen Luni gelandet. In der Sakristei ein Hauptwerk der Frührenaissance: Grabmal der 1405 jung im Kindbett verstorbenen Ilaria del Caretto,

Frührenaissance-Grabmal der Ilaria del Caretto.

zweiter Gemahlin des Paolo Guinigi, gemeißelt von Iacopo della Quercia. Am dritten Seitenaltar rechts »Abendmahl« (1592) des Venezianers Tintoretto; Beleuchtung gegen 200-Lire-Münze. Sakrale Kostbarkeiten im **Museo della Cattedrale.**

Chiesa San Frediano, 1147 von Papst Eugen III. dem irischen Pilgermönch und Bischof von Lucca († 588) geweiht; Bauzeit 35 Jahre. Einziges toskanisches Fassadenmosaik (um 1230) außer San Miniato in Florenz. Links in der Augustinus-Kapelle dokumentieren Fresken (1508/09) Luccheser Stadtgeschichte. In der ersten Kapelle rechts romanisches Taufbecken (um 1150).

San Michele. Bürgerkirche an Stelle einer 795 erwähnten Kapelle. Bestechende romanische Marmorfassade (1204). Das Gesamtbauwerk wurde 1143 begonnen, aber erst (wegen Geldmangel) im 14. Jh. abgeschlossen. Erster rechter Seitenaltar: »Madonna mit dem Kind«, glasierte Terrakotta des Andrea della Robbia. Im rechten Querschiff (Ostwand): »Heilige Rochus, Sebastian, Hieronymus, Helena« von Filippino Lippi um 1480. Großes, in Mischtechnik gemaltes Kreuz (um 1200).

Pinacoteca Nazionale e Museo di Palazzo Mansi, staatliche Gemäldegalerie (Mittelalter bis 19. Jh.).

▶ MAREMMEN

Höhe: bis 417 m	Karte: G 10–12
	Wanderungen 20 und 21

Lage: Zwischen Grosseto (Norden) und der Grenze zum Latium; Hinterland der Küste.

Geschichte: Etrusker legten die Sümpfe erstmals trocken. Während der Römerzeit eine Kornkammer, danach ein »Armenhaus«. Erneute Trockenlegungsmaßnahmen ab dem 16. Jh., malariafrei nach dem Zweiten Weltkrieg. Intensive Landwirtschaft und Tourismus.

Bemerkenswert: »Maremma« ist ein Dialektwort und hängt zusammen mit »marittima« (Meergebiet). Entstanden aufgrund von Ablagerungen der Flüsse, die in das hier flache Meer münden. Kennzeichnend ist ein mildes Klima, das weiter im Landesinneren etwas rauher wird. Die berittenen Rinderhirten der Landschaft heißen »butteri«. → **Naturpark Maremmen.** → **Costa d'Argento.**

Meernahe Zypressenallee im Naturpark Maremmen.

▶ **MARINA DI BIBBONA** → **Forte di Bibbona**

▶ **MARINA DI CECINA** → **Cecina**

▶ **MONTE ALBANO**

Höhe: 611 m *Karte: F 4*
  Wanderung 27

Lage: Südlich von Pistoia, nordöstlich von → **Vinci.**
Bemerkenswert: Das Mittelgebirge erstreckt sich in leichtem Bogen von Nordwesten nach Südosten. Weinananbau, vor allem um das östlich gelegene Carmignano. Siehe auch Seite 18.

▶ **MONTE CECERI**

Höhe: Ca. 400 m *Karte: G 4*
  Wanderung 2

Lage: Südöstlich von → **Fiesole.**
Bemerkenswert: Gedenkstein bezüglich der von Leonardo da Vinci (→ **Vinci**) zwischen 1503 und 1506 gewonnenen Erkenntnisse über den Vogelflug und deren technische Umsetzung in einen Flugapparat. Die Inschrift gibt eine unrealistische Prophezeiung von 1505 wieder: »Seinen ersten Flug wird der große Vogel nehmen über den Rücken des großen Cecero-Berges und das Universum mit Staunen erfüllen …«

▶ **MONTE FALTERONA**

Höhe: 1654 m *Karte: J 4*
  Wanderung 4

Lage: Zweithöchste Gipfelkuppe des → **Nationalparks Foreste Casentinesi, Monte Falterona e Campigna**
Bemerkenswert: In den sich zum → **Casentino** neigenden Flanken sprudeln die Quelltöpfe des Arno, des antiken »Arnus«. Dort, vor allem angesichts gefundener bronzener Weihegaben und einer Statue des etruskischen »Hercle« (griechisch Herakles, römisch Herkules) vermuten Wissenschaftler »eine der höchsten verehrten heiligen Stätten« (Renato Aprile) der Etrusker. »In der Erhabenheit dieses Bergheiligtums, für die Offenbarung der in Licht und Luft wirkenden Götterkräfte offen, wurde anders als in der Ebene das Ewigkeits- und Zeiterlebnis empfunden.« Olymp der Toskana? Jedenfalls ist der Monte Falterona der meistbestiegene Gipfel in diesem Teil des Apennin.

▶ MONTE GAZZARO

| *Höhe: 1125 m* | *Karte: G 3* |
| | *Wanderung 3* |

Lage: Südöstlich des → **Passo della Futa** im → **Apennin.**
Bemerkenswert: Gipfel am Apennin-Höhenweg (Grande Escursione Appenninica).

▶ MONTE NONA

| *Höhe: 1297 m* | *Karte: D 3* |
| | *Wanderung 28* |

Lage: Östlich von → **Stazzema** in den → **Apuanischen Alpen,** benachbart zum → **Monte Procinto.**
Bemerkenswert: Beliebtester Wandergipfel in diesem Teil der »Apuane«; umfassender Rundblick.

▶ MONTE PENNA

| *Höhe: 1282 m* | *Karte: K 5* |
| | *Wanderung 6* |

Lage: Nördlich von → **Chiusi della Verna,** im südöstlichsten Zipfel des → **Nationalparkes Foreste Casentinesi, Monte Falterona e Campigna.**
Bemerkenswert: Teilweise atollähnlicher Bergstock mit aussichtsreichem Gipfelpunkt. An seinen Südhang schmiegt sich der → **Santuario La Verna.**

Monte Procinto vom Normalweg auf den Monte Nona.

▶ MONTE PROCINTO

| *Höhe: 1174 m* | *Karte: D 3* |
| | *Wanderung 28* |

Lage: Östlich von → **Stazzema** in den → **Apuanischen Alpen,** benachbart zum → **Monte Nona.**
Bemerkenswert: Klobiger, kantiger, botanisch außergewöhnlicher Felsturm: eigenwilligster Gipfel der Apuanischen Alpen. Vom Sockel bis zur Spitze 181 m hoch. Ergänzt wird das Unikum durch die »Bimbi« (kleine Kinder), die westlich vorgelagerten Gratzacken.
Bergsteigerisch: Die Erstbesteigung am 17.12.1879 schloß die Pionierphase des Alpinismus in den »Alpi Apuane« ab.
Via ferrata 1893 installiert, u.a. mit 265 aus dem Fels

gehauenen Stufen. Vom Rifugio Forte dei Marmi 1 Std.; stellenweise senkrecht, solide Sicherungen. Voraussetzung für eine Begehung des Klettersteiges sind Kenntnisse dieser Art des Bergsteigens.

MONTEPULCIANO

Höhe: 605 m	Karte: J8
Einwohnerzahl: 14 110	Wanderung 18

Lage: Westlich vom Lago Trasimeno. Auf gratähnlichem Tuffsteinmassiv über der Chianaebene.

Geschichte: Möglicherweise Etruskergründung; erstmals 715 n. Chr. erwähnt als »Castrum Politianum«. Zankapfel zwischen → **Siena** und → **Arezzo**, ab 1511 selbständiger Teil der florentinischen »Signoria dei Medici«. 1561 Rückkehr des Bischofs von Chiusi. Der Stadtkern hat rund 6000 Einwohner.

Wirtschaft: Umschlagplatz für landwirtschaftliche Güter (insbesondere Wein). Mosaik-Handwerk, neben Ravenna stellt Montepulciano ein weiteres Zentrum dieser uralten byzantinischen Kunst in Italien dar.

Bemerkenswert: Hervorragender, globalen Ruhm genießender »Vino Nobile«, sozusagen ein Blutsbruder des »Chianti Classico«, allerdings herber, essentieller. Prugnolo Genile (ein Sangiovese-Klon) beherrscht die Mischung dunkler und heller Trauben. Granatfarben funkelt er im Glas, als älterer Jahrgang ziegelrot. Man darf ihn unbekümmert zehn Jahre lagern. Typisch im Bukett ist der delikate, mehr oder weniger intensive Veilchenduft; trocken, gerbsäurehaltig, im Nachgeschmack leicht bitter.

Der um 1400 errichtete Palazzo Comunale.

Sehenswert: Torre di Pulcinella. Auf der Plattform schlägt die langnasige, maskierte, einen hohen Hut tragende Figur des Pulcinella an der Glocke die Stunden. Pulcinella, der freche, fuchsschlaue Diener im süditalienischen Volksschauspiel, hielt über die Commedia dell'arte auch Einzug ins Puppentheater.

Palazzo Cervini, in Auftrag gegeben von Kardinal Marcello Cervini: 21-Tage-Papst Marcellus III. (1555). Sein Vorgänger, Papst Julius III. (1550–1555) stammte ebenfalls aus Montepulciano.

Antico Caffè Poliziana, gegründet 1886. Die stilechten Räumlichkeiten sahen schon Berühmtheiten wie Carducci, Malaparte, Mario del Monaco, Federico Fellini usw. Reizende Plätze auf den beiden kleinen Balkonen!

Dom. Bauzeit 1592–1630. Die geplante Marmorfassade blieb im Entwurfsstadium. Campanile der Vorgängerkirche Pieve Santa Maria. Hochaltar aus einem Sockel des Aragazzi-Grabmales. Dieses bildhauerische Hauptwerk (1437/38) Michelozzos wurde im 18. Jh. auseinandergenommen und im Dom verteilt, u.a. links des Portals, im Innenraum der liegende Bartolomeo Aragazzi, Sekretär von Papst Martin V. (1415–1431). Beiderseits des Hauptaltares die Michelozzo-Statuen »Glaube« (rechts) und »Wissenschaft«. Über dem Altar ein in solchem Erhaltungsgrad seltenes gotisches Triptychon (Mariä Himmelfahrt, frühes 15. Jh.) des Sienesen Taddeo di Bartolo.

Piazza Grande. An der Ostseite geschlossen vom **Palazzo Contucci,** erbaut ab 1519 durch Antonio Sangallo d. Ä. für Kardinal Giovanni del Monte (1550–1555 Papst Julius III.). Im Palast sowie nebenan Mosaik-Werkstätten.

Außerhalb (südwestlicher Stadtrand): **Chiesa San Biagio,** vollkommenster Zentralbau der Renaissance, Hauptwerk des siebzigjährigen Antonio Sangallo d. Ä. (1455–1534) aus → **Florenz.**

Brunnen von 1520 auf der Piazza Grande.

▶ ## MONTERIGGIONI

Höhe: 274 m	*Karte: G 7*
Einwohnerzahl: Etwa 80	*Wanderung 13*

Lage: Nordwestlich von → **Siena,** über dem Staggiatal. Festungsstädtchen, in Ovalform dem Gelände angepaßt.

Geschichte: Gegründet 1203 als militärischer Vorposten Sienas gegen Florenz, als eine der ersten derartigen Satellitenanlagen. 570 m umfassende Ringmauer (1213–1219), verstärkt 1260 bis 1270.

Sehenswert: Chiesa Santa Maria, Übergangsstil Romanik–Gotik.

▶ ## MONTE SIEPI

Höhe: 338 m	*Karte: G 8*
	Wanderung 17

Lage: Östlich von Massa Marittima, bei → **San Galgano** auf einer Kuppe.

Legende: Der 1148 im nahen Chiusdino geborene Adelige Galgano Guidotti flüchtete, die Verlobte im Stich lassend, gesellschaftsverdrossen wie viele Vornehme seiner Zeit (z.B. Franz von Assisi), auf den Monte Siepi und baute aus Zweigen eine Rundhütte. Er stieß sein Schwert in die Spalte des Felsens in der Hütte und schwor, daß es von

nun an nie mehr als Waffe, sondern für das Gebet als Kreuz dienen sollte (wie man es sieht); gestorben am 3.12.1181.

Die Kirche auf dem Monte Siepi, belichtet von San Galgano.

Geschichte: 1185, im Jahr der Heiligsprechung Galganos durch Papst Lucius III. und der Weihe der Rundkirche, ließen sich Zisterzienser, gerufen von Ugo, Bischof in → **Volterra,** auf dem Monte Siepi nieder. Sie gründeten später auch das große Kloster San Galgano.

Sehenswert: Romanische Kuppel- bzw. **Rundkirche** mit vorgesetztem Atrium, einzigartig in der mittleren Toskana. Anbau der Kapelle um 1340; Fresken von Ambrogio Lorenzetti. Silberreliquiar (1977). Geschnitzte Galgano-Skulptur (1979). Terrakotta-Pietà. In der linken Seitenkapelle, links des Einganges, befinden sich in der Vitrine (mit einem Tuch bedeckt) die Skelette der Hände jenes Landstreichers, der versucht hatte, Galgano zu überfallen, worauf ihm die dem Eremiten hörigen Wölfe die Hände abgebissen haben …

 MONTI DELL'UCCELLINA

→ **Naturpark Maremmen.**

 NATIONALPARK FORESTE CASENTINESI, MONTE FALTERONA E CAMPIGNA

Höhe: bis 1658 m	Karte: J 4
	Wanderungen 4 und 6

Lage: Toskanischer Nordosten, am → **Apennin-Hauptkamm** im → **Casentino**

Bemerkenswert: Eingerichtet 1993. Längsausdehnung (Nordwest-Südost) etwa 40 km, Breite bis 20 km; 36 400 ha. Höchste Berge: Monte Falco, 1658 m, → **Monte Falterona,** 1654 m.

▶ NATURPARK APUANISCHE ALPEN

→ **Apuanische Alpen.**

▶ NATURPARK MAREMMEN

Höhe: bis 417 m	Karte: G 11
	Wanderung 21

Lage: Südlich von → **Grosseto,** am Meer zwischen Ombronemündung und Talamone.

Bemerkenswert: Eröffnet 1975. 20 km naturbelassene Küste, bis 8 km landeinwärts greifend; rund 70 qkm. Herzstück des Parco Nazionale della Maremma sind die bewaldeten Monti dell'Uccellina. Markierte Rundwanderwege. → **Alberese.**

▶ NATURRESERVAT TOMBOLO DI CECINA

Höhe: 5 m	Karte: D 7
	Wanderung 24

Lage: Zwischen → **Marina di Cecina** und → **Forte di Bibbona.**

Bemerkenswert: Hauptsächlich mit Schirmpinien bewachsener Küstenstreifen, bepflanzt im 19. Jh. zum Schutze landwirtschaftlich genutzten Hinterlandes vor Seewinden.

▶ PANZANO

Höhe: 498 m	Karte: G 6
Einwohnerzahl: etwa 3000	Wanderungen 8 und 9

Lage: Zwischen → **Greve in Chianti** und → **Castellina in Chianti.** Auf einer Kuppe an der → **Chiantigiana;** Fraktion von Greve.

Geschichte: Im 11. Jh. gegründet, später florentinischer »Stachel« gegen → **Siena.**

Sehenswert: Der Ortskern und die Kirche Santa Maria Annunziata, ursprünglich 12. Jh.

▶ PASSO DELLA FUTA

Höhe: 903 m	Karte: G 3
	Wanderung 3

Lage: Am Apenninkamm, nördlich von → **Florenz,** südlich von Bologna.

Geschichte: Seit rund 1300 Jahren Übergang von Oberitalien in die Toskana; bis zum Autobahnbau wichtigste Straße zwischen Bologna und Florenz. Beim Rückzug der Deutschen ab Ende August 1944 Kämpfe gegen die nachrückenden Alliierten.

Bemerkenswert: Paß-Restaurant; Spezialitäten vom Holzkohlengrill. An den Wänden des Barraumes zahlreiche Fotos italienischer Radsportidole, denn der Wirt, Vittorio Poletti, war selbst Rennfahrer und bestritt u. a. dreimal den Giro d'Italia.

Sehenswert: Cimitero di guerra germanico – größter deutscher Soldatenfriedhof in Italien: 30 683 Gefallene, angelegt 1969 vom Volksbund Deutsche Kriegsgräberfürsorge.

▶ PIEVE DI SAN GIOVANNI

Höhe: 360 m	Karte: F 7
	Wanderung 16

Lage: Südöstlich von → **San Dalmazio,** oberhalb der Straße von Colle di Val d'Elsa.

Sehenswert: Geweiht im 10. Jh. Normannisch-romanische **Fassade;** verwitterte Pilasterfragmente. Säulenstümpfe kennzeichnen das Mittelschiff der 20 m langen, kreuzförmigen Basilika im Grundriß eines regelmäßigen Kleeblattes, wozu die drei Muscheln des Konchenchores beitragen.

▶ PISA

Höhe: 4 m	Karte: D 5
Einwohnerzahl: 93 631	Wanderung 25

Nicolo Pisano, der Bildhauer.

Lage: Am Arno, 12 km vom Meer entfernt.

Geschichte: Während der Antike lag die im 7./6. Jh. v. Chr. durch Griechen gegründete, dann von Etruskern besiedelte Stadt am Meer. Ab 180 v. Chr. war sie römischer Flottenstützpunkt. Im Mittelalter (11.–13. Jh.) eine der mächtigsten Seerepubliken Italiens: Herrin des westlichen Mittelmeeres. 1284 Niederlage in der Seeschlacht gegen Genua; 1406 endgültige Machtübernahme durch Florenz. Provinzhauptstadt.

Sehenswert: Santa Maria della Spina – des beim 1. Kreuzzug in Jerusalem erbeuteten angeblichen Stachels der Dornenkrone Christi, der hier aufbewahrt wurde (heute Ospedale di Santa Chiara). Juwel pisanischer, romanisch-gotischer Baukunst (1230). Einst Gebetshalle für Schiffsreisende und Fischer; bis 1871 tiefer postiert.

Piazza dei Miracoli: Domchor und »Schiefer Turm«.

Baptisterium, größte Taufkirche der Christenheit (1152–1358), annähernd 55 m hoch, das Innere ein akustisches Wunder (Demonstration des Küsters). **Kanzel** von Nicola Pisano (Vater des Giovanni), erstes großes Bildhauerwerk der italienischen Gotik. Zur Finanzierung des Baptisteriums mußten 34000 Familien eine 1164 erlassene Sondersteuer von je einem Goldstück entrichten.

Dom Santa Maria Assunta, wesentlichste Architektur der Pisaner Romanik und ein Hauptwerk der italienischen Kunst, begonnen 1064, 1118 Weihe, vollendet um 1200: fünfschiffig (Mittelschiff 95 m) mit dreischiffigem Querhaus (72 m). Grandiose Fassade. An den Portalen Bronzereliefs, nach Brand von 1595 neu geschaffen. **Kanzel.** Spätwerk des Giovanni Pisano (Sohn des Nicola), bedeutendste Leistung (1302–1311) der gotischen Bildhauerkunst Italiens. Gegenüber die bronzene »**Lampata di Galileo**« (1586), an deren Schwingungen Galilei die Pendelgesetze studiert haben soll. Golden leuchtendes **Apsismosaik** des Florentiners Cimabue (1302), des bedeutendsten Wegbereiters toskanischer Malerei.

Die herrliche Fassade des Palazzo dei Cavalieri.

»**Schiefer Turm**«, 55,65 m hoher Glockenturm des Domes und infolge einer zunehmenden Neigung (knapp 5 m) bekanntester Campanile der Welt; Stabilisierung 1998 durch Anbringung von Gegengewichten. Grundsteinlegung 1173, nach Unterbrechung – wegen »Fallsucht« – 1272 korrigierend weitergebaut, abgeschlossen 1372. Vorläufig (1999) keine Besteigung (294 Stufen) möglich.

Museo Nazionale di San Matteo, Hochmittelalter bis Renaissance, u. a. einmaliges 43teiliges Polyptychon (1319/1320) von Simone Martini.

▶ PIZZO D'UCCELLO

Höhe: 1781 m	Karte: C 3
	Wanderung 30

Lage: Nordwestlich des → **Rifugio Donegani** im → **Naturpark Apuanische Alpen.**

Bemerkenswert: Einer der höchsten und kühnsten – von Norden betrachtet – Gipfel der Apuanischen Alpen. Erstbesteigung 1883 durch den englischen Alpenpionier Francis Fox Tuckett. Die bei extremen Kletterern begehrte, 700 m hohe Nordwand (Schwierigkeitsgrad V+) wurde am 2.10.1940 von den Mailändern Nino Oppio und Serafino Colnaghi durchstiegen.

▶ POPULONIA

Höhe: 181 m	Karte: D 9
Einwohnerzahl: etwa 200	Wanderung 22

Lage: Nördlich von Piombino auf dem Vorgebirge über dem → **Golfo di Baratti.**

Geschichte: Etruskergründung, wahrscheinlich im 7. Jh. v. Chr., benannt nach der Gottheit Fufluns (Dionysos – Bacchus). In der einzigen etrurischen Großstadt am Meer lebten im 4. Jh. rund 25 000 Menschen, geschützt durch Wehrmauern. Hafen, Eisenindustrie und Friedhof am Golf von Baratti.

Tomba del Bronzetto dell'Offerente: 530–450 v. Chr.

Sehenswert: Vom Mittelalter geprägtes Städtchen. Rundblick vom Turm des **Kastells. Museo Etrusco**. **Kirche Santa Croce.**

▶ PRATOMAGNO

Höhe: bis ca. 1500 m	Karte: J 5
	Wanderung 5

Lage: Nordwestlich von → **Arezzo,** östlich des Valdarno (Arnotal).

Bemerkenswert: Bewaldete Höhen von über 1500 m. Barriere aus Staatsforsten zum Gebiet des dahinterliegenden → **Casentino.** Ausdehnung ab dem Passo della Consuma südöstlich ungefähr 40 km bis zum Arnobogen bei Arezzo.

▶ RIFUGIO DONEGANI

Höhe: 1150 m	Karte: C 3
	Wanderung 30

Lage: Nordwestliche → **Apuanische Alpen,** in der hintersten Valle di Gramolazzo.

Bemerkenswert: 1953 erbauter, bewirtschafteter Bergsteigerstützpunkt in dem vom glazialen Pleistozän gezeichneten (erratische Blöcke) Kessel Orto di Donna.

▶ RIVIERA DEGLI ETRUSCHI

	Karte: D 7/8
	Wanderung 24

Lage: Südlich von Livorno.

Bemerkenswert: Mit Badeorten bestückter Küstenstrich zwischen Livorno und → **Populonia** bzw. → **Baratti.**

ROCCA DI SAN SILVESTRO

| *Höhe: 324 m* | *Karte: E 8* |
| | *Wanderung 23* |

Lage: Südöstlich von San Vincenzo.

Bemerkenswert: Mittelalterliche, mustergültig restaurierte Burgruine im → **Bergbaupark San Silvestro;** ausführliche Informationstafeln.

 ## ROCCA DI SILLANO

| *Höhe: 530 m* | *Karte: F 7* |
| | *Wanderung 16* |

Lage: Burgruine schwach nordöstlich von → **San Dalmazio.**

Geschichte: Errichtet im 11. Jh. Nach 1531 Umgestaltung durch den florentinischen Festungsbaumeister Antonio Sangallo in einen typischen Renaissance-Militärbau. Der Bergfried, an dem der ursprünglich hochgelegene Eingang noch zu erkennen ist, gehört zur mittelalterlichen Burg. Restaurierung 1998 (nach 14 Jahren) abgeschlossen.

SAN DALMAZIO

| *Höhe: 280 m* | *Karte: F 7* |
| *Einwohnerzahl: Etwa 850* | *Wanderung 16* |

Lage: Am Nordrand der → **Colline Metallifere,** westlich von → **Siena,** südlich von → **Volterra.**

Sehenswert: Idyllischer Ortskern. Haus Nr. 44 1849 für 5 Tage Quartier des Generals und Freiheitshelden Giuseppe Garibaldi. Romanische Pfarrkirche (bei Gottesdiensten geöffnet), Renaissance-Tabernakel von Luca della Robbia. Daneben Franziskanerkloster (13. Jh.), heute Bauernanwesen.

Sehenswert ist auch das südwestlich gelegene, durch seine Betonkühltürme weithin sichtbare → Larderello . Weltweit größtes geothermisches Feld (240 qkm). Die 30 Kraftwerke der ENEL (Ente Nazionale per l'Energia) versorgen das Eisenbahnnetz Mittelitaliens mit bis 490 Megawatt Strom pro Jahr, soviel wie ein Atommeiler mittlerer Kapazität produziert. Turbinenantrieb durch Dämpfe (90–230 °C) des in 5000 bis 1500 m Tiefe durch glühende Magma erhitzten Sickerwassers, die in Metall-Rohrschlangen aus 180 Bohrlöchern zugeführt werden. Besichtigungen und Auskünfte (deutsche Info-Mappe): Museo della Geotermia, I-56044 Larderello, Tel. (05 88) 677 24, Fax 226 50.

▶ SAN FELICE

Höhe: 396 m	*Karte: H6*
Einwohnerzahl: etwa 100	*Wanderung 10*

Lage: Südlich des → **Castello di Brolio,** auf einem Höhenrücken.

Geschichte: Pfarre im 8. Jh. belegt. Der Borgo wurde Anfang der neunziger Jahre zum Schmuckkästlein restauriert. Moderne Wandmalereien in der Felix-Kapelle; Info rechts des Einganges.

Wirtschaft: Weinproduktion. Verkostung und Verkauf u. a. des hiesigen roten Vigorello in der **Enoteca.** Vier-Sterne-Hotel Relais.

▶ SAN GALGANO

Höhe: 300 m	*Karte: G8*
	Wanderung 17

Oberhalb San Galgano: Kirche auf dem Monte Siepi.

Lage: An der Südostecke des Mittelgebirges → **Colline Metallifere,** nordöstlich von Massa Marittima.

Geschichte: Gründung der Zisterzienserabtei 1224, und Baubeginn der 69 m langen Kirche: Beispiel klassischer Zisterziensergotik. Ende

der Blütezeit 15. Jh. infolge Pfründenwirtschaft (Ausstattung geistlicher Ämter mit Grundbesitz und Einkünften). Äbte saugten den Klosterfundus aus, eigneten sich Kunstschätze an. Girolamo Vitelli verkaufte Mitte des 16. Jh., als nur mehr fünf Brüder in den heruntergekommenen Gebäuden hausten, gar das Schutzblei des Kirchendaches (samt dem von Monte Siepi). Den Verfall beschleunigte 1786 der Einsturz des 36 m hohen Glockenturmes (neben dem nördlichen Seitenschiff), der Dach und Gewölbe in die Tiefe riß. Heute leben im »Centro spirituale« in San Galgano junge (weltliche) Menschen.

Nahebei »**Centro Italiano Rapaci**« (Greifvogelpark).

▶ SAN GIMIGNANO

Höhe: 324 m	*Karte: F6*
Einwohnerzahl: 7078	*Wanderung 14*

Lage: Nordwestlich von → **Siena,** über der Val d'Elsa.

Geschichte: Vor mehr als 2000 Jahren von Etruskern besiedelt. Benannt nach einem Ende des 4. Jh. verstorbenen Bischof von Modena. Ab 1354 florentinische Herrschaft. Bis dahin von einem Großen Rat

Die Türme des mittelalterlichen San Gimignano.

(1200 Mitglieder bei 6000 Einwohnern) geführt. Burg (»Rocca«), unter Florenz errichtet. Reizvoller Blick von der Aussichtsplattform!

Bemerkenswert: Von 72 Geschlechtertürmen – welch eine Silhouette! – ragen noch 13 über das Dächermeer: Symbole ortsansässiger Feudaladeliger des 11., 12. und 13. Jh. Anfang des 14. Jh. entstand die 54 m hohe städtische Torre del Popolo, im Volksmund »Torre Grasso« (die Dicke), des gleichnamigen Palastes. Er bestimmte mit der 51 m hohen Torre del Podestà (»Rognoso«, der Räudige) nunmehr das Maß beim Wetteifer privater Bauherren. Ihre Türme mußten mindestens 2 m niedriger sein; darüber hinausragende wurden entsprechend abgetragen. Auch die Hausbreite unterlag aus Platzgründen gesetzlicher Regelung: maximal 8,40 m. In einem Turm wohnten bis zu 20 Personen, in Räumen zwischen 15 und 20 qm, im Erdgeschoß lebte das Gesinde. Nach oben hin folgten Küche, Aufenthalts- und Schlafräume.

Sehenswert: »Duomo«, romanische **Kollegiatskirche Santa Maria Assunta,** 1148 von Papst Eugen III. geweiht, war niemals Bischofskirche. Es dürfte das am üppigsten freskierte Gotteshaus der Toskana sein: An der rechten Seitenschiffwand Themen des Neuen Testaments (um 1350). An der linken Wand in reicher erzählerischer Ausgestaltung ungewöhnlich realistische alttestamentarische Motive (2. Hälfte 14. Jh.). An der Innenseite der Fassade »Jüngstes Gericht« (1393). In der **Cappella di Santa Fina** (1468) hinterließ der Florentiner Domenico Ghirlandaio ein Meisterwerk der Frührenaissance: »Vita der hl.

Fina« (1238–1253), der Stadtpatronin, die hier ihre letzte Ruhestätte fand.

Palazzo del Popolo, erstmals 1288 erwähnt. Rathaus mit **Museo Civico** (Stadtmuseum); Turmbesteigung. Nahebei **Museo Etrusco e d'Arte Sacra.**

Museo della Tortura (Foltermuseum).

▶ SAN GIUSTO A RETENNANO

| Höhe: 305 m | Karte: H 7 |
| | Wanderung 10 |

Lage: Schwach südwestlich des → **Castello di Brolio**.
Bemerkenswert: Der Beiname »alla Monache« rührt daher, daß sich hier im Mittelalter ein befestigtes Zisterzienserkloster befand. Besitz der Barone Ricasoli vom Castello di Brolio. Weinverkauf in der Fattoria werktags 8–12 und 14–18 Uhr.

▶ SAN GODENZO → Castagno d'Andrea

▶ SAN RABANO

| Höhe: 325 m | Karte: G 11 |
| | Wanderung 21 |

Lage: Im → **Naturpark Maremmen** auf den Monti dell'Uccellina.
Geschichte: Klostergründung im frühen 12. Jh. Ab 1303 Kommende der Ritter des Hl. Kreuzes von Jerusalem. 1307 Zuzug des Benediktinerpriorats von → **Pisa**. Nach 1321 wehrhafter Ausbau unter der Familie Abati, Tyrannen von Grosseto. Auflassung 1474; Priorat nach → **Alberese** verlegt.
Sehenswert: **Romanische Klosterkirche** im Grundriß des lateinischen Kreuzes, ergänzt von drei Apsiden, gekrönt von einer Kuppel. In der Portallünette ornamentale Reliefs. Kunstvolle Säulenkapitelle. Turmbesteigung (56 Stufen) zeitweise möglich; Taschenlampe ratsam.

▶ SANTUARIO LA VERNA

| Höhe: 1129 m | Karte: K 5 |
| Einwohnerzahl: etwa 30 | Wanderung 6 |

Lage: Im → **Casentino**, oberhalb → **Chiusi della Verna** am → **Monte Penna**.
Geschichte: 1213 schenkte Graf Orlando Cattini aus Chiusi die Örtlichkeit La Verna dem hl. Franz von Assisi (1181–1226), nachdem

Im scheinbar weltverlorenen San Giusto a Retennano.

dieser die Leitung des Franziskanerordens niedergelegt hatte. Anstelle einfacher Hütten der Mönche erwuchs ein Kloster. 1216 Grundsteinlegung der ersten Kirche (Santa Maria degli Angeli) durch Franziskus. 1348 Baubeginn der Chiesa Maggiore; Fertigstellung frühes 16. Jh.

Sehenswert: Chiesa Maggiore. Terrakottawerke (1479–1499) von Andrea della Robbia. **Corridoio delle Stimmate:** Gang (großflächige Wandmalereien über das Leben des Franziskus) zur **Chiesa delle Stimmate** (1263), wo Franziskus am 14.9.1224 laut Legende die Stigmatisation erfuhr. **Museo del Santuario.**

▶ **SETTIGNANO**

Höhe: 178 m	Karte: G 4
Einwohnerzahl: rund 5100	Wanderung 2

Lage: Östlich von → **Florenz.**

Bemerkenswert: Villa Buonarotti (keine Besichtigung), in der Michelangelo aufwuchs. Geboren am 6.3.1465 in Caprese (→ **Chiusi della Verna).** Fünfzehnjährig kam der Bub in die Werkstatt des Malers Domenico Ghirlandaio und soll dem Meister im Hauptchor (Cappella Maggiore) von Santa Maria Novella in Florenz bereits bei den Abschlußarbeiten geholfen haben.

▶ SIENA

Höhe: 322 m	Karte: G/H7
Einwohnerzahl: 54931	Wanderung 12

Lage: Mittlere Toskana, südwestlich des → **Chianti.**

Verkehr: Nicht in die Altstadt fahren! Der Beschilderung »San Domenico« zum Parkplatz »Stadio« (7.30–23 Uhr) folgen.

Geschichte: Sagenhafte Gründung durch Senus, den Sohn des in Rom von einer Wölfin aufgezogenen Remus. Blütezeit – u. a. Handel, Banken, Kunst – 12. bis 16. Jh. Ab 1559 bestimmte Cosimo I. de Medici die Geschicke der bis dahin freien Stadtrepublik. Provinzhauptstadt.

Die halbrunde Häuserfront des »Campo«.

Bemerkenswert: Am 2.7. und 16.8. findet der Palio statt, ein **Pferderennen** auf dem »Campo«: drei Runden – etwa 150 Sekunden – ohne Sattel. Aus den 17 »Contrade« (Stadtteilen) werden zehn für den

Wettkampf ausgelost, die dann auch die Pferde stellen. Der Fantino (Jockey) muß jeweils von auswärts kommen. Besucht von 40000 bis 50000 leidenschaftlich mitfiebernden Tifosi.

Sehenswert: San Domenico, eine der großen italienischen Backsteinkirchen, ab 1226 von Dominikanern erbaut, gewidmet der hl. Katharina (1347–1380). An der Altarsäule der »Cappella delle Volte« die wahrscheinlich einzige authentische Darstellung von Katharina, mit einer Lilie in der Linken als Symbol der Unschuld. Im Hintergrund 1451 durch Papst Pius II. erfolgte »Heiligsprechung Katharinas«. Motive aus ihrer Vita birgt die Katharinenkapelle (südwestliche Langhausseite) als Fresken des Lombarden Sodoma (1526), beiderseits des Marmortabernakels, der das 1950 modern gestaltete Reliquiar des Hauptes der Mitpatronin Italiens (seit 1939) bewahrt. An der linken Seitenwand, ebenfalls von Sodoma, spendet die Angebetete einem zum Tode Verurteilten Trost, rechts »Heilung eines Besessenen« (1593). Travertinstufen führen in die 1286 begonnene Unterkirche, die anfänglich als Begräbnisstätte (»Chiesa dei morti«) diente.

Dom Santa Maria Assunta, prachtvolle Schöpfung italienischer Gotik, wurzelnd in toskanischer Spätromanik. Hätte Siena den Komplex in den geplanten Dimensionen vollendet, wäre er größer als der Dom von Florenz geworden.

Doch der »Duomo Nuovo«, in maßlosem Ehrgeiz auf dem Zenit der

Macht Sienas als Langhaus für den bestehenden, 89,40 m langen Dom erträumt, blieb vor allem wegen statischer Probleme, aber auch mangels Platz ein Torso; Einstellung der Arbeiten 1348. Wunderbar die Fassade, der Steinfußboden; die Kanzel ist eines der besten Werke gotischer Skulptur in Italien. Giovanni Pisano, der fähigste Bildhauer des Mittelalters, zauberte die Fassade und zeichnete zwischen 1284 und 1297 als »Capomaestro« der Dombauhütte. An der Marmorkanzel meißelte Giovanni, noch nicht zwanzigjährig, als Lehrling seines Vaters Nicola. Dessen Schüler an der Kanzel war auch Arnolfo di Cambio (1286 zum Dombaumeister in Florenz berufen). Marmor ebenso auf dem Boden des Domes. Graffito- und Intarsiendekor. Das eine in Punkten geritzt, die Rillen teergefüllt, das andere reine Intarsienarbeit. Der Belag, dessen ikonographisches Konzept auf dem Vorplatz beginnt und bis zum Chor reicht, schlägt ein geistliches Bilderbuch auf und reflektiert vorchristliche Weltchronik bis zur Erlösungstat Christi in Form von 56 figürlichen und bewegenden Bildern. Es ist ein Gemeinschaftswerk von mehr als 40 Künstlern zwischen 1372 und 1562 und der vielleicht kunstvollste jemals verwirklichte Fußboden! Im Fries unterhalb der Wölbung 171 Papstbüsten. Ausmalung der Libreria Piccolomini (zugänglich vom linken Seitenschiff) durch den aus Perugia stammenden Pinturicchio (1454–1513) und seine Schüler: zehn Szenen im Stil der Hochrenaissance aus dem Leben von Papst Pius II. Unter der Apsis, etliche Treppenstufen tiefer

Einzug zum Reiterwettkampf »Palio«.

In überragen-
der Position:
Dom von
Siena mit
Fassade
(kleines Bild).

als die Krypta, befindet sich das 1326/27 entstandene Baptisterium San Giovanni. Die Pfeiler tragen den Domchor. Taufbrunnen, eine Komposition des 15. Jh., Metamorphose von Gotik zu Renaissance, Koproduktion der toskanischen Elite: Donatello, Iacopo della Quercia, Lorenzo Ghiberti. Kunstsammlung im **Museo dell'Opera Metropolitana** (Dommuseum).

Chiesa Sant'Agostino, 1258 begonnen, um 1500 verändert, 1755 barockisiert, vermutlich Grabstätte des 1438 verstorbenen Iacopo della Quercia, einem der bedeutendsten italienischen Bildhauer des frühen 15. Jh. Das Altarbild »Anbetung der Könige« malte Giovanni Antonio Bazzi (1477–1549), der wegen ausschweifenden Lebens Sodoma genannt wurde. Seine Werke stehen in der Nachfolge Leonardos und Raffaels.

Palazzo Pubblico, 1297 begonnen, Kernbau 1310 vollendet. Eine der originellsten Schöpfungen toskanischer Profangotik. Residenz der Signoria sowie des Podestà; Sitz der Stadtverwaltung. Weißer Travertin und bräunliche Backsteinziegel bewirken optische Schwerelosigkeit: linear und trotzdem malerisch, was auch für die 102 m hohe **Torre del Mangia** gilt. Mangia war der Spitzname eines Glöckners. Im ersten Obergeschoß des Rathauses das **Städtische Museum.** 503 Stufen führen zur Plattform der Torre del Mangia – 88 m über den Dächern Sienas.

Santuario Catariniano, Geburtshaus der hl. Katharina. Es mußte im 16. Jh. infolge des Andranges erweitert werden. Vor dem gemalten Kreuz (frühes 13. Jh.) soll Katharina 1375 in Pisa die fünf Wundmale Christi empfangen haben. Der Majolikafußboden des »Oratorio Superiore« besteht aus 3061 Fliesen; an den Wänden 17 Gemälde aus dem Leben der Heiligen.

▶ ## SOVANA

Höhe: 291 m	Karte: J11
Einwohnerzahl: 291	Wanderung 19

Lage: Südtoskana, westlich von Orvieto, auf einem Tuffsteinhügel.
Geschichte: Etruskergründung »Suana« (7. Jh. v. Chr.), damals etwa 1100 Einwohner; 1,5 km lange Stadtmauer. Nach 280 v. Chr. römisch, der Präfektur Saturnia unterstellt. Mittelalterliche Blüte im 11. Jh. als Hauptort der → **Maremmen.** Um 1021 Geburtsort von Hildebrand: Papst Gregor VII. (1073–1085), der den deutschen Kaiser Heinrich IV. zum »Gang nach Canossa« nötigte. Bis 1660 Bischofssitz.

Bemerkenswert: In der Umgebung zahlreiche attraktive Etruskergräber (Nekropolen) aus dem 3./2. Jh. v. Chr. Z. B. → **Tomba Ildebranda.**
Sehenswert: **Piazza del Pretorio** mit **Palazzo Comunale, Palazzo Pretorio** (Museum) sowie der **Kirchenruine San Mamiliano** (etruskische Basis, älteste Kirche) und der spätromanischen **Chiesa Santa Maria;** einziges in der Toskana erhaltenes vorromanisches Ziborium (Altarbaldachin). Romanisch-gotischer **Dom,** dekoratives Portal der Vorgängerkirche, Taufbecken (1434), im rechten Seitenschiff kleiner Sarkophag des hl. Mamiliano.

Etruskergrab Tomba Ildebranda.

 ## STAZZEMA

Höhe: 443 m	Karte: C 3
Einwohnerzahl: etwa 200	Wanderung 28

Lage: Nördlich von Viareggio in den → **Apuanischen Alpen.**
Bemerkenswert: Bergdorf in Kanzellage. Tourenbasis angesichts des → **Monte Nona** und des → **Monte Procinto.**
Sehenswert: **Chiesa Santa Maria Assunta,** romanisch, Pfarrkirche seit 1751; deutsches Informationsblatt.

 ## STRADA DEL VINO

	Karte: D 7–D 9
	Wanderung 24

Lage: Östlich der südlichen → **Riviera degli Etruschi.**
Bemerkenswert: Weinstraße von → **Cecina** über Montescudaio – Guardistallo – Bibbona – Bolgheri – Castagneto Carducci – Sassetta – Suvereto – → **Campiglia Marittima** – Venturina nach Piombino.

 ## TAGLIATA ETRUSCA

Höhe: 5 m	Karte: G/H12
	Wanderung 20

Lage: Östliche Basis des Bergstockes von → **Cosa,** an der → **Costa d'Argento.**
Bemerkenswert: Um eine Versandung des Hafens von Cosa zu verhindern und gleichzeitig die landwärts gelegene Lagune zu nivellieren, schlugen Steinhauer nach dem Vorbild etruskischer Hohlwege aus dem Kalkfels einen teilweise 20 m tiefen, 140 m langen, schleusenregulierten Kanal: einmalig in Italien. Info-Tafel vor Ort.

▶ TOMBA ILDEBRANDA

| Höhe: Ca. 250 m | Karte: J11 |
| | Wanderung 19 |

Lage: Westlich → **Sovana,** oberhalb der Straße.

Bemerkenswert: Größte Anlage der Nekropole um Sovana, eines der besten Beispiele spätetruskischer Grabarchitektur; 1. Hälfte des 2. Jh. v. Chr. Tempel mit einstmals zwölf kannelierten Säulen, die einen dreiteiligen Fries stützten. Grabkammer aus einem Lager. Eintritt.

▶ VALLOMBROSA

| Höhe: 958 m | Karte: H5 |
| Einwohnerzahl: etwa 30 | Wanderung 5 |

Eingang in das Kloster Vallombrosa.

Lage: Südöstlich von → **Florenz,** in den Nordwestflanken des → **Pratomagno.** Klostergemeinde im gleichnamigen Naturreservat.

Geschichte: Gegründet 1013 durch den 28jährigen Giovanni Gualberto Visdomini, Sproß einer vornehmen Florentiner Familie, deren Namen er ablegte. 1039 entstand ein Holzkirchlein nebst Hospital und Gästehaus. 1039 gilt als Gründungsjahr des Vallombrosanerordens (selbständiger Zweig der Benediktiner) durch Giovanni Gualberto. Er starb 1073. Heiligsprechung 1093. Die Äbte stiegen in den Markgrafenstand auf. Heute im Range einer Priorei. In der festungsähnlichen Anlage (17. Jh.) leben zehn Mönche.

Sehenswert: Klosterkirche, einschiffig mit kuppelgekröntem Querbau. Kuppel- und Deckenmalereien (2. Hälfte 18. Jh.). Die »Trinità« des linken Altarbildes malte 1664 Lorenzo Lippi. Links vorne Eingang der Cappella di San Giovanni Gualberto (1695–1700); an den Seitenwänden Schränke mit Märtyrerreliquien. In der Vorhalle kunstvolles Olivenholz-Schnitzwerk.

Rotwildgehege beim Kloster.

Forstwirtschaftliches Museum.

VINCI

Höhe: 97 m	Karte: F 4
Einwohnerzahl: 13 648	Wanderung 27

Lage: Nördlich von Emboli, an den Südwestflanken des → **Monte Albano.**

Bemerkenswert: Vinci ist die Heimat des Leonardo (1452–1519), geboren im nahen → **Anchiano** als unehelicher Sohn des Notars Piero. 1466 ging der 13jährige nach Florenz in die Werkstatt von Andrea del Verrocchio, des damals führenden Meisters der florentinischen Renaissanceplastik. Am Arno reifte das Genie, eingeweiht in Werkstoffe und Arbeitsgänge, das Zeichnen, die Mathematik und Grammatik, die Anatomie, die zeitgenössische und ältere Literatur. Leonardo da Vinci wußte Künste und Wissenschaft, die er wie kein zweiter beherrschte, miteinander zu verschmelzen. → **Monte Ceceri**.

Sehenswert: Museo Leonardino, in der Burg der Grafen Guidi (13. Jh.). Die Umsetzung der technischen Zeichnungen des Leonardo in maßstabgetreue Modelle erfolgte ab 1929. Unterhalb der Burg befindet sich der 1993 eröffnete **Museo Ideale Leonardo da Vinci** (deutsches Info-Blatt).

Auf der Burg, über den Dächern von Vinci.

Casa Natale di Leonardo, Geburtshaus des Leonardo, museale Räumlichkeiten; 2,5 km (beschilderte Straße) von Vinci im Streuweiler **Anchiano.**

 VOLTERRA

Höhe: 531 m	Karte: F 7
Einwohnerzahl: 12 116	Wanderung 15

Lage: Auf einer Hochfläche zwischen Cecina- und Eratal, südöstlich von Livorno, südwestlich von → **San Gimignano.**

Geschichte: Politisches und wirtschaftliches etruskisches Zentrum »Velathri«, bis zur Romanisierung ab dem 3. Jh. v. Chr.; römisch »Volaterrae«. 1193 erster Bürgermeister gewählt, 1361 von Florenz unterworfen.

Wirtschaft: Haupt-Wirtschaftsfaktor ist der Alabaster und dessen Verarbeitung. Dadurch sind rund 800 Personen in 250 Produktionsstätten, vielfach in Kleinst- und Familienbetrieben beschäftigt.

Alabaster, benannt nach der ägyptischen Stadt Alabastron, ist eine marmorähnliche (weichere), feinkörnige, dichte Art des Gipses. In Europa wird das kristalline Material in eiförmigen Stöcken einzig bei Volterra gewonnen – seit 2500 Jahren. Mittlerweile führten steigende, weltweite Nachfrage und dadurch ausgelöste Massenproduktion zur Herstellung eines halbsynthetischen Werkstoffgemisches aus Kunstharz und Alabasterpulver.

Bemerkenswert: Die Altstadt (4400 Einwohner) ist westseitig gefährdet durch die sogenannten »Balze«, Steilabhänge eines sandigen Sockels, welcher durch Erosionseinwirkungen langsam bröckelt. Teile der archaischen Nordweststadt und die ältesten Nekropolen wurden bereits in die Tiefe gerissen.

Sehenswert: Rocca Vecchia, 1343 errichtete Kernburg und östlicher Teil der Medici-Festung (1472–1475); eines der gefürchtetsten Gefängnisse Italiens, 200 Insassen.

Alabaster-handwerker in Volterra.

Porta all'Arco, einziges einigermaßen erhaltenes etruskisches Tor im Stadtbereich.

An der **Piazza dei Priori** besticht der von einem Glockenturm überragte **Palazzo dei Priori** (Rathaus). Am Unterbau Terrakottawappen von Florentiner Statthaltern des 15./16. Jh.; die Löwensäulen (Marzocchi) an den vorderen Ecken erinnern an die endgültige Bezwingung Volterras durch Florenz. Im **Palazzo Pretorio** saß der Capitano del Popolo (heute beherbergt der Palazzo Verwaltung und Polizei). Der zinnengekrönte Torre del Podestà war Kerker und Richtstätte.

Dom, romanisch, 1120 geweiht. Das schwarz-weiß dekorierte Portal (1254) läßt pisanischen Einfluß erkennen. Geschnitzte Kassettendecke (1584). Bedeutendstes romanisches Kunstwerk in Volterra: »Kreuzabnahme« in der Pauluskapelle, neben dem Nischensarkophag des hl. Oktavian (9. Jh.). In einer anderen Nische ruht der hl. Ugo (di Saladini), Bischof zwischen 1171 und 1184. Im Hintergrund des Chores steht unter der Orgel der Bischofsstuhl (1783 wurde Colle di Val d'Elsa Bischofssitz), überwölbt vom Kuppelfresko »Gottvater«,

das Niccolò Cercignani aus Pomarance im späten 16. Jh. malte. Er *Der Dom im* begegnet uns nochmals im Bogen (»Maria Himmelfahrt«) über dem *Zentrum von* Hauptaltar des romanischen **Baptisteriums**. Das Weihwasserbecken *Volterra.* ist ein etruskisches Grabmal. Rechts vom Altar das Taufbecken des Bildhauers Andrea Sansovino (um 1470–1529). Er vollzog den Wandel vom Quattrocento (= 15. Jh.) zur klassischen Form der Hochrenaissance. Neben dem Campanile der Eingang ins **Diözesanmuseum.**

Etruskische Stadtmauer, mörtellos gefügt, Ende des 6. Jh. v. Chr. angefangen, nach 200 Jahren im Endstadium 7,2 km lang. Die Stadt war damals flächenmäßig viereinhalbmal größer als im Mittelalter (Stadtmauerlänge 3,2 km) und hatte 17 000 bis 20 000 Einwohner, mehr als das heutige Gesamtvolterra.

San Giusto, 1628 begonnen; zweite Hälfte des 18. Jh. vollendet. Rechts an der Kirche vorbei, nach einigen Schritten rechts die Böschung hinab zu zwei **Etruskergräbern** (6.–5. Jh. v. Chr.).

Teatro Romano, entspricht der Theaterarchitektur augusteischer Ära und wird dem Beginn des 1. Jh. zugeordnet. Geldgeber waren Severus Cecina und sein Sohn Albinus (→ **Cecina**), Mäzene etruskischer Herkunft. 19 Sitzreihen für etwa 2000 Personen. Im linken Teil der 34,6 m breiten Bühne eine 15,5 m hohe rekonstruierte Bühnenwand.

In die Hügel über Florenz

1

Ponte Vecchio – Piazzale Michelangelo – San Miniato al Monte –
Forte di Belvedere – Palazzo Pitti – Giardino di Boboli – Chiesa
Santo Spirito – Borgo Sant'Iacopo – Ponte Vecchio　　Karte: G 5

Haben wir uns in → **Florenz** vom Dom zur Piazza della Signoria
durchgedrängt und sind dem Besucherstrom via **Ponte Vecchio** ge-
folgt, dann geht es vor der malerischen Brücke links arnoaufwärts.
Wir laufen vorbei am Querbau der **Uffizien.** Etwas später geht es
rechts über den **Ponte alle Grazie.** Am anderen Ufer befindet sich
links an der **Piazza dei Mozzi** der **Museo Bardini** (u. a. Stuckplastik
von Donatello, Terrakotten der della Robbia). Links biegen wir in die

Via San Niccolò. Nach der **Kirche
San Niccolò** folgt rechts die **Porta
San Miniato** sowie ein preiswerter
Imbiß: Pizze »al taglio«. Wir blei-
ben in der Via San Niccolò. Links
sehen wir das Haus (Nr. 30) der
1828 von Fürst Anatoli Demidoff,
Neffe und Erbe Napoleons, als
Modell gegründeten Russischen
Schule. In der »Hosteria del Bric-
co« trifft man am Mittagstisch nur
Einheimische.
Die **Torre San Niccolò** gehört zur

*Die unver-
gleichliche
Fassade von
San Miniato
al Monte.*

dritten, 8,5 km langen Stadtbefestigung (1283–1333) und zählt 73
Türme und 12 Torburgen. Vor dem Turm gehen wir rechts, durch An-
lagen, die Straße dreimal querend, empor zum **Piazzale Michelangelo,** dem Platz mit der prächtigsten Aussicht auf Florenz.
Nun kreuzen wir die große Straße. Hinter dem Restaurant versteckt
sich in einem Zypressenhain die **Kirche San Salvatore al Monte**
(1499), die leider meist geschlossen ist. Weiter aufwärts stehen wir
vor der Freitreppe von **San Miniato al Monte.** Stufe für Stufe ent-
wickelt sich die Frontseite eindrucksvoller. Die Marmorinkrustation
besteht aus dünnen Platten (5 cm).
Auf der Freitreppe geht es anschließend wieder hinunter, dann links
und nochmals links (Schranke). Die **Festungsmauern** entstanden um
1530 in Rekordzeit unter Bauleitung von Michelangelo. Rechts gehen wir zwischen Zypressen hindurch. Nach dem Linksknick der
Mauer laufen wir rechts. Hinter den Mauern befindet sich der Cimite-

ro della Porta Santa (Friedhof). Wir wandern auf der schmalen **Via di Giramonte** – im Blickfeld die Torre del Gallo – und im Gegenanstieg zur **Piazza degli Unganelli.** Jetzt auf der **Via della Torre del Gallo.**

Etwa 1¼ Std. nach dem Ponte Vecchio betreten wir den höchsten Punkt der Straße. Links sieht man die Torre del Gallo der gleichnamigen Burg. Vor der querstehenden **Villa Placi** geht es mit der Straße rechts abwärts, vorbei an zahlreichen Villen. Links oben befindet sich das Observatorium des astronomischen Institutes der Universität Florenz.

An der Straßengabelung biegen wir halb rechts in die Via Vincenzo Viviano, an der nächsten Gabelung geradeaus durch die **Via di San Lorenzo** (nicht links halten!). Den Viale Galileo kreuzen wir (Ampel) und laufen durch die **Via di San Leonardo.** Im ersten Haus links (Nr. 64) lebte Tschaikowsky (1840–1893) eine Zeitlang, gefördert durch die von ihm verehrte Frau von Meck, die Besitzerin russischer Eisenbahnlinien.

Das typische Florentiner Landsträßchen passiert die **San-Leonardo-Kirche.** Vor der Porta San Giorgio machen wir links einen Abstecher in die Medici-Zwingburg **Forte di Belvedere** (1590 – 1595).

Wir gehen zurück und durch die **Porta San Giorgio.** Das Gefälle hält an. Links (Haus Nr. 19) gedenkt eine Tafel des Mathematikers Galileo Galilei. Bei der **rumänisch-orthodoxen Kirche** läuft man durch die Häuserschlucht der **Costa di San Giorgio.**

Tourencharakter: Rundwanderung im erweiterten Stadtgebiet. Streckenweise schattig. **Beste Jahreszeit:** Frühjahr, Frühsommer, Herbst. **Reine Gehzeit:** Etwa 2¼ Std. **Anstiege:** 250 Hm. **Weglänge:** 7 km. **Ausgangs-/Endpunkt:** Ponte Vecchio in Florenz. **Wanderkarte:** Kompass 1:25 000, Blatt 660. **Verkehrsanbindungen:** Bahn- und Busverbindungen. **Unterkunft:** Hotelbuchungen: Consorzio Alberghieri im Hauptbahnhof (8.30–21 Uhr, Tel. 055/28 28 93) sowie an den Autobahnraststätten Agip und Chianti Est. Auch Infos über Jugendherbergen und Campingplätze. **Einkehr:** Volkstümlich im Mercato Centrale di San Lorenzo: Da Nerbone, 7–14 Uhr. **Tourist-Info:** Ufficio Informazioni, Via Cavour 11, I-50129 Firenze, Tel. (055) 29 08 32, Fax 2760383.

Ausblick vom Piazzale Michelangelo.

Unten auf der **Piazza Santa Felicita** ist es nach links nur mehr ein »Katzensprung« zur **Piazza dei Pitti**. Rechts, im Haus Nr. 22, vollendete der russische Schriftsteller Dostojewski 1868/69 seinen Roman »Der Idiot«. Links scheint die 205 m breite Front des **Palazzo Pitti** den Beschauer zu erdrücken. Dahinter liegt der **Giardino di Boboli,** die wohl bekannteste Anlage italienischer Gartenbaukunst der Spätrenaissance.

Vom Palasteingang kehren wir wieder zur Piazza dei Pitti zurück und gehen jenseits in das Gäßchen **Sdrucciolo dei Pitti**. Wir überschreiten die Kreuzung und kommen auf die **Piazza Santo Spirito** mit der **Chiesa Santo Spirito,** einem der Hauptwerke sakraler Frührenaissance am Arno.

An der Ostseite der Kirche geht es durch die **Via del Presto**. Dann rechts im **Borgo Sant'Iacopo**. Rechts (Haus Nr. 9) ragt ein Geschlechterturm empor: **Torre dei Marsili**. Weitere »case torri« des feudalen Stadtadels folgen an der linken Straßenseite. Die ersten Turmhäuser – wie in → **San Gimignano** – entstanden um das Jahr 1000. Anfang des 13. Jh. hatte Florenz mehr als 150 solcher Türme, hier und dort bis 70 m hoch. Ab 1250 erlaubte die demokratische Verfassung nur noch 50 Florentiner Ellen (29,50 m). Höhere Türme mußten abgetragen werden. Lokale wie die »Trattoria Camillo« (Nr. 37) oder »Mamma Gina« (Nr. 15) kochen die köstlichsten heimischen Gerichte. Schließlich tauchen wir wieder ein in das übliche Gedränge am **Ponte Vecchio.**

Fiesole – eine antike Kanzel

Fiesole – Monte Ceceri – Ville Monte Ceceri – Le Caselle –
Casa Mezzana – San Lorenzo – Poggio a Vento – Settignano   Karte: G 4

2

Das Forum von »Faesulae«, wie → **Fiesole** bei den Römern hieß, befand sich auf der **Piazza Mino,** wo sich König Vittorio Emanuele II. und der Freiheitskämpfer Giuseppe Garibaldi – sie realisierten 1860 die Einigung Italiens – in Form eines Denkmals als Reiter in die Augen sehen. Dort erfolgt der Aufbruch zur Wanderung.

Am oberen Rand des Platzes geht es rechts von der **Kirche Santa Primerana,** dem ersten Gotteshaus (10. Jh.) Fiesoles, in die **Via Giuseppe Verdi**: **Passeggiata panoramica.** Wir genießen den Ausblick auf Florenz und bis hin zu den schwingenden Konturen der Chiantihügel. Nach insgesamt 10 Min. schlendern wir bergab auf der **Via degli Scalpellini.** Voraus erscheint die Waldkuppe des → **Monte Ceceri.** Am Ende des Teersträßchens halten wir uns rechts und folgen dem Kiesweg zwischen Mauern. An der Gabelung entschließt man sich für den linken Abzweig, der markiert bergan führt. Aufpassen, denn im Handumdrehen scheren die Farbzeichen links aus vom breiten Weg. Wir steigen empor zu einem waldgesäumten Plateau am Monte Ceceri. Von Fiesole 1/2 Std.

Vom Gedenkstein geht man schräg links über den Platz und bergseitig entsprechend der Wegnummer 1 und folgt dem Panoramaweg längs einer Mauer. Östlich sitzt auf einer Kuppe das Castel di Poggio. Unser Weg senkt sich. An der Schranke geht es links zur Häusergruppe **Ville Monte Ceceri.** Beim **Kirchlein** an der **Piazza ai Pini** wandern wir rechts und kommen auf die breite Straße von Fiesole. Dann wiederum rechts. An der **Bushaltestelle** in Höhe der Diskothek wird der Asphalt halb rechts verlassen. Ein Hangpfad führt in 5 Min. zu einem Teersträß-

Tourencharakter: Einfache Streckenwanderung, überwiegend absteigend. Wenig Schatten. **Beste Jahreszeit:** Frühling bis Spätherbst. **Reine Gehzeit:** 1 3/4 Std. **Anstiege:** Insgesamt 100 Hm. **Weglänge:** 7 km. **Ausgangspunkt:** Fiesole. **Endpunkt**: Settignano. **Markierungen:** Rot-weiß, zum Teil Nr. 1. **Wanderkarte:** Kompass 1:25 000, Blatt 660. **Verkehrsanbindungen:** Bus (Linie 7) von Florenz (Bahnhof Santa Maria Novella) nach Fiesole. In Florenz beschilderte Zufahrt. Gebührenpflichtiger Parkplatz auf der Piazza Mino. Bus (Linie 10) von Settignano nach Florenz, Billet im Zeitungskiosk. **Unterkunft:** Z.B. Hotel Villa Aurora****, 1860 als Theater erbaut, eigener Parkplatz; Fiesole, Tel. (055) 591 00, Fax 595 87. Camping Panoramico (außerhalb von Fiesole),Tel. (055) 59 90 96, Fax 591 86. **Einkehr:** Spezialitäten-Restaurant der Villa Aurora, Fiesole; Kanzellage über Florenz. Unterwegs: Settignano, Florenz. **Tourist-Info:** Ufficio Informazioni, Piazza Mino 37, I-50014 Fiesole, Tel. (055) 59 87 20, Fax 59 88 22.

chen. Nochmals rechts, an der Rechtskurve gerade auf einer Naturstraße. Sie führt zwischen den Koppeln des **Reitstalles Le Caselle** hindurch. Südlich zeigt das Castel di Vincigliata seinen Zinnenturm. Abwärts und aus der Senke gelangen wir direkt in den Waldschatten

im Hang unterhalb des Castel di Poggio. An der **Casa Mezzana** (Wasserhahn) macht die Route einen Rechtsknick. Im nächsten Wäldchen wandern wir schnurgerade bergan und stoßen auf die Straße rechts nach San Lorenzo.

Etwa 50 m nach der Kirche, am Ende eines Mäuerchens, weisen die Markierungen bei der Schranke links (geradeaus zum **Castel di Vincigliata;** Besitz der Harvard-Universität). Der Pfad bringt uns durch Olivengärten (rechtshal-

Fiesole auf einem Hügel über Florenz.

tend) zu einem Querweg. Dort geht es links weiter. An der Stelle der drei Wohnhäuser stand bis 1996 ein alter Bauernhof. Später, beim **Gehöft** am Geländerücken **Poggio al Vento,** kreuzen wir die Markierung 2 (nordwärts auf den Monte Muscoli). Nach dem Anwesen geht es links steil bergab durch eine Zypressenallee. Vor dem **Friedhof** laufen wir links nach → **Settignano** und rechts mit der **Via di San Romano** zur **Pfarrkirche Santa Maria Novella.**

Deutscher Soldatenfriedhof und Ehrenstätte am Passo della Futa.

Passo della Futa im Apennin

Futapaß – Apennin-Höhenweg –
Monte Gazzaro – Futapaß   Karte: G 3

3

An der Straßenmauer am → **Passo della Futa,** unterhalb des Soldatenfriedhofs, beginnt die Wanderung auf dem → **Apennin.**
Wir gehen zunächst 200 m Richtung Florenz. Dort, wo sich die Straße teilt, biegen wir links und nach 50 m rechts ab. Am **Trafoturm** rechts vorbei, dem breiten Weg folgen, wiederum nur 50 m. Dann gegenüber einem Leitungsmast links, den rot-weiß-roten Farbzeichen im Schatten des Buchenwaldes folgend. Wir übersteigen einen Zaun und halten uns anschließend schwach rechts. Die Route setzt sich links als Pfad durch Buschwerk fort. Etwa 1/4 Std. nach dem Paß ist rechts am Weglein auf einer kleinen Felsplatte verblaßte rot-weiße Markierung zu erkennen. Hier, an der Weggabelung, gehen wir halb rechts und bergan zu einer **Relaisstation.** Weiter über die langgestreckte Wiese, an ihrem rechten Saum nahe des Laubwaldes wandern wir auf deutlichen Spuren.
Wo sich rechts ein breiter Weg in den Wald senkt, laufen wir geradeaus, schwach linkshaltend im Laubwald. Ungefähr 10 Min. später passiert man, hohen Dornbüschen ausweichend, eine große **Relaisstation.** Bald mündet rechts der **Apennin-Höhenweg;** Markierung: 00. Auf einer Kuppe zeigt sich erstmals das 5 m hohe Metallkreuz. Noch etwa 10 Min. ansteigen, dann sind wir beim Kreuz (ca. 1100 m) am → **Monte Gazzaro.**

Der Weiterweg zum höchsten Punkt des Monte Gazzaro (1125 m, 10 Min.) lohnt sich wegen mangelnder Aussicht nicht.

Der Blick beim Kreuz dagegen ist durchaus lobenswert: Im Norden das Tal des Saterno, nordwestlich der Futapaß. Im Süden lagert der Mugello. Es ist das fruchtbare, von Kastanienwäldern gesäumte obere Tal der Sieve, seit jeher die »ländliche Stube« von Florenz, im späten Mittelalter das »Arkadien der Florentiner«. Großbürger schätzten das milde Klima der Beckenlandschaft. Cosimo de' Medici erbaute um die Mitte des 15. Jh. seine Villen Cafaggiolo, Trebbio und San Martino. Seit der Landflucht ab 1970 der kleinen Pächter bestimmen großflächige Zuckerrüben-, Tabak- und Olivenkulturen die Agrarstrukturen des Mugello, in dem übrigens der geniale Maler und Architekt Giotto di Bondone 1267 das Licht der Welt erblickte (Vespignano).

Der Rückweg unserer Wanderung erfolgt auf dem Hinweg. Spätestens danach sollten Sie bei der Familie Poletti im Paß-Ristorante vorbeischauen. »Capo« Vittorio plaudert gerne aus der Zeit, als er im Radrennsattel saß und den »Giro« fuhr, erzählt von prominenten Gästen, wie der Sopranistin Maria Callas, währenddessen glühende Holzkohle das ausgezeichnete „Bistecca dei manzi" grillt.

Tourencharakter: Unschwierige Bergwanderung. Bei Nässe im ersten Teil rutschig. **Beste Jahreszeit:** Frühsommer bis Spätherbst. **Reine Gehzeit:** 2¼ Std. **Anstieg:** Insgesamt 220 Hm. **Weglänge:** 7,5 km. **Ausgangs-/Endpunkt:** Passo della Futa; Parken bei der Gaststätte. **Markierungen:** Rot-weiß-rot und 00. **Wanderkarte:** Multigraphic 1:25 000, Blatt 25. **Verkehrsanbindungen:** Von Bologna: Autobahnausfahrt »Pian del Voglio« und 14,5 km; von Florenz 45 km. Werktags Busse. **Unterkunft:** Albergo-Ristorante Passo della Futa**, Tel. (055) 81 52 55. Camping Il Sergente*** (an der Straße Richtung Florenz, 2,8 km südlich), Tel. (055) 84 23 018. **Einkehr:** Siehe Unterkunft.

Monte Falterona, 1654 m

Castagno d'Andrea – La Macia – Monte Acuto – Monte Falterona – Fonte del Borbotto – Castagno d'Andrea   Karte: J4

4

In einer Talfalte des Appennino Toscoromagnolo, etwas außerhalb des → **Nationalparks Foreste Casentinesi, Monte Falterona e Campigna** liegt das verträumte → **Castagno d'Andrea.**

An der Westseite der **Pfarrkirche San Martino** leiten die Markierungen in die **Via della Rota.** Wir überqueren die **Piazza Andrea del Castagno.** Das vorletzte Haus rechts an der Straße, vor der Kreuzung, ist das Geburtshaus (Gedenktafel) des Malers Andrea del Castagno.

Wir kreuzen die Umgehungsstraße, kommen auf die **Via del Borbotto,** laufen links an der kleinen **Kirche** (1840) vorbei und über den Bach. Etwa 50 m danach verläßt man die Straße rechts und geht mit den Farbzeichen bergan. Wenig später nicht die Asphaltstraße betreten, sondern gleich wieder rechts, zwischen Haus Nr. 40 und 42 auf grasigem Weg, und erst dann auf die Straße bei einem **Terrakotta-Marienbildstock.**

Die Route folgt der Straße rechts und biegt nach 150 m, vor dem Bach rechts in die **Via Pianrenzoli** ein. An der Gabelung geht es links zur breiten **Via del Falterona.** Auf ihr knapp 100 m links, dann schwenkt vor dem Bach rechts ein Pfad (Wegnummer 18) ein. Bald heißt es achtgeben, weil die Route unerwartet links abzweigt (Weiß-rot an den Bäumen) und durch Farne führt. Es geht spürbar

Die letzten Meter zum Kreuz des Monte Falterona.

steiler weiter, teilweise auf überwachsenem Weglein. Nach insgesamt 40 Min. stößt man auf den querverlaufenden **Weg 18a.** Wir halten uns rechts. Das Rauschen eines Baches kommt näher. Schließlich erreicht man eine Wiesenlichtung (von der Kirche aus in 50 Min.).

Man hält sich links an den Rand des Laubwaldes. Die Grasspur passiert Felsblöcke, die als Markierungspunkte

Tourencharakter: Rundwanderung mit beachtlichen Höhenunterschieden; Trittsicherheit ist erforderlich. Bei Nässe stellenweise rutschig. Unterwegs kein Trinkwasser. **Beste Jahreszeit:** Frühsommer bis Herbst. **Reine Gehzeit:** 5¼ bis 5½ Std. **Anstiege:** Insgesamt 1100 Hm. **Weglänge:** 14,5 km. **Ausgangs-/Endpunkt:** Castagno d'Andrea. **Markierungen:** Rot-weiß-rot, Wegnummern. **Wanderkarte:** Multigraphic 1:50500. Blatt Appennino Toscoromagnolo e Pratomagno. **Verkehrsanbindungen:** Zufahrt (6,5 km) und Busse von San Godenzo (45,5 km ab Florenz). Parken unterhalb der Pfarrkirche. **Unterkunft:** San Godenzo. **Einkehr:** Castagno d'Andrea: Osteria Il Rifugio. **Tourist-Info:** Associazione Turistica Valle del Falterona, I-50060 San Godenzo, Tel. (055) 83 50 23.

dienen. Weiter durch schattigen Laubwald. Drei Bäche werden überquert. Etwa ½ Stunde nach der unteren Wiese sind wir im **Colle di
Castagno** (1250 m).

Etwa 5 Min. später wird die **Waldkuppe La Macia** (1260 m) überschritten. Dann laufen wir abwärts in einen Sattel. Vor uns baut sich
der Monte Acuto auf. Durch Wald geht es 25 Min. hinauf zum unteren Rand einer Wiese und über diese weiter schwach rechtshaltend
zum oberen Rand. An ihm leiten Grasspuren rechts durch ein Waldstück, über die nächste Wiese links entlang und erneut in den Wald.
Dann abermals über eine Wiese und durch Laubwald zum **Monte
Acuto** (1481 m). Vom Ort 2¼ Std.

Der Gipfel des → **Monte Falterona** ist sichtbar, aber noch 1 Std. entfernt. In dieser Richtung steigt man ab. Nach 10 Min. beginnt eine
anhaltende Traverse. Wo sich der Kamm zusammenschnürt, etwa
25 Min. vom Monte Acuto, sind wir im **Varco Crocicchie** (1407 m).
Rechts unten entspringt eine der sagenumwobenen Arnoquellen
(1358 m). Zu ihr führt ein Pfad.

Auf unserer Route folgt ein stellenweise luftiger Gegenanstieg an
felsigen Abstürzen. Vom höchsten Punkt (1537 m) der schroffen Fels-
partien setzt der Aufstieg zum Gipfel an. Steil durch Wald zu einer
Wiese. Schließlich erreicht die Tour das Holzkreuz des **Monte
Falterona**. Im Jahre 1883 hatte die Sektion Fiorentina/Florenz des

Club Alpino Italiano (CAI) etwas unterhalb des Gipfels eine Hütte ge- *Castagno*
baut. Aussicht nur nach Südwesten in Richtung Passo della Consuma *d'Andrea am*
→ **Pratomagno.** *Apennin.*

Vom Kreuz läuft man 30 m ostwärts, dann links getreu der Markierung
16 durch Latschen. In Serpentinen bringt uns der Weg durch den
Laubwald in 35 Min. hinunter zu einem Schottersträßchen. Links
kommt man über Abkürzungen zum Rastplatz **Fonte del Borbotto**
(1200 m) an der Nationalparkgrenze. Vorsicht: Die Qualität der
Quelle als Trinkwasser wird nicht kontrolliert!

Das geschotterte (2 km) und geteerte Sträßchen neigt sich in langen
Serpentinen; Farbzeichen deuten auf Abkürzer hin, falls man nicht
auf der bequemen »Piste« bleiben will. Etwa 1 Std. nach dem Rastplatz biegen wir rechts in die **Via del Borbotto** ein (Nr. 16), die alte
Straße nach **Castagno d'Andrea.**

Das Wäldermeer des Pratomagno

5

Kloster Vallombrosa – Bar Giuntini – Pratomagno –
Kloster Vallombrosa   **Karte: H 5**

Man begegnet den schwarzgekleideten Mönchen gelegentlich auf Waldwegen beim Kloster → **Vallombrosa,** murmelnd ins Gebetbuch versunken. Nur an Sonntagen verschwindet die göttliche Ruhe, wenn scharenweise Ausflügler aus der Hitze der Städte in die Kühle des → **Pratomagno** fliehen.

Zwischen **Klosterkomplex** und **Pensione/Ristorante Medici** geht es zum großen Turm. Rechts, vor dem **forstwirtschaftlichen Museum** links, und hinter dem nächsten Haus rechts. Etwa 100 m danach teilen sich die Wege: Wir gehen spitzwinkelig links (Nr. 10). Die Straße kreuzen wir schräg und kommen jenseits auf den steingepflasterten Weg. Zunächst wandern wir 10 Min. ziemlich steil, dann flacher, kurzzeitig eben, dann wieder steil. Die gepflasterte Abzweigung halb rechts (Nr. 10) bleibt unbeachtet. Links geht es über einen Bachlauf. Ein zweites Bächlein wird ansteigend überschritten. Wenige Minuten später beim Markierungsfelsblock halten wir uns rechts (nicht gerade auf dem breiten Weg) und laufen nun getreu **Markierung 9** steil und felsig bergan.

Kloster Vallombrosa am Pratomagno.

Etwa ¾ Std. nach dem Kloster zweigt unsere Route scharf links ab (Farbzeichen an den Bäumen). Das Terrain wird zunehmend von Felsen durchsetzt und steiler. Der Wald lichtet sich. Eine Antenne tritt ins Blickfeld. Man stößt auf einen breiten Querweg (ebenfalls von Vallombrosa). Rechts etwa 5 Min. hinein in ein **Felsenmeer.** Erste weite Ausblicke, südwestlich über das Valdarno zu den Chiantihügeln, können wir von hier aus genießen. Kurz danach empfängt uns die Hochfläche des **Pratomagno** beim **Refugio Giuntini** (1435 m). Von Vallombrosa 1¼ Std.

Der höchste Punkt des **Monte Secchieta** (1450 m) mit den Sendeanlagen ist

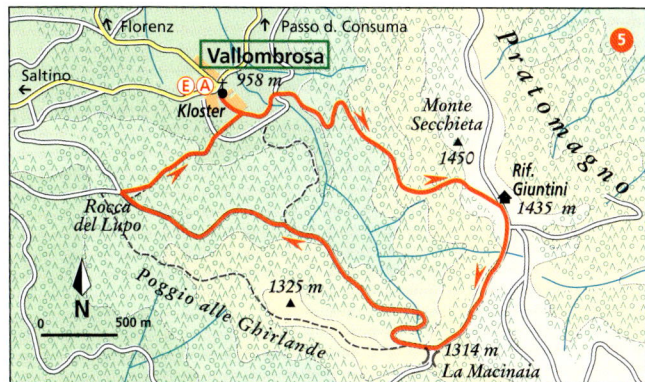

militärisches Sperrgebiet. Aber auch in der Umgebung stören diverse stählerne Masten. Dafür genießen wir den Blick nach Osten, wohin der Pratomagno ins Casentino abfällt. Auf der Straße gehen wir südlich beziehungsweise rechtshaltend zu einer felsbesetzten Kuppe. Der **Gedenkstein** ist italienischen Widerstandskämpfern gewidmet. Die Pratomagnowälder waren nämlich im Frühjahr 1944 eine von deutschen Soldaten gefürchtete Partisanenhochburg. Weiter auf der Straße. Vorbei an einem ehemaligen **Wintersporthotel,** kommen wir in wenigen Minuten zur Rechtsabzweigung eines Forstfahrweges (Sommerfrischehaus). Jetzt mit den Markierungsnummern 12 und 13 absteigend auf der **Forststraße Caterina Vallorsa** zum Haus von **La Macinaia** (1314 m) und rechts daran vorbei. Kurz danach geht halb links Weg 13 nach Saltino ab. Wir bleiben jedoch auf dem Forst-

sträßchen (**Markierung 12**) noch etwa 40 Min., lassen also die Rechtsabzweigung (Nr. 10 direkt nach Vallombrosa) unbeachtet. Erst an der Kreuzung mit **Weg 11** hält man sich rechts mit den Farben von Weg 11 bis zu einem steingefaßten **Quellbrunnen.** In der Folge kreuzen wir die Autostraße und gehen auf der anderen Seite am Maschendrahtzaun entlang zum **Kloster.**

Tourencharakter: Leichte Mittelgebirgs-Rundwanderung, hauptsächlich schattige Waldwege; etliche Steilstücke. **Beste Jahreszeit:** Frühjahr bis Herbst. **Reine Gehzeit:** 2½ Std. **Anstiege:** Insgesamt etwa 500 Hm. **Weglänge:** 7,5 km. **Ausgangs-/Endpunkt:** Vallombrosa. **Markierungen:** Rot-weiß, Wegnummern. **Wanderkarte:** Multigraphic 1:50000, Blatt Appennino Toscoromagnolo e Pratomagno. **Verkehrsanbindungen:** Von Pontassieve (18 km östlich von Florenz) auf der Staatsstraße 70 Richtung Passo Consuma und nach 5,5 km rechts. Busverbindungen u.a. nach Florenz. **Unterkunft:** Pensione/Ristorante Medici**, Tel. (055) 862070. **Einkehr:** Siehe Unterkunft. Unterwegs: Rifugio Giuntini (Bar). **Tourist-Info:** Ufficio Informazioni, Piazzale Roma 7, I-50066 Saltino, Tel. (055) 862003.

Felsenkloster La Verna

6

Chiusi della Verna – Santuario La Verna – Monte Penna –
Santuario La Verna – Chiusi della Verna   Karte: K 5

Obwohl der Zugang vom höhergelegenen La Beccia (1024 m), an der Straße von Bibbiena, kürzer ist, nehmen wir die klassische Route ab → **Chiusi della Verna.**

Links neben dem **Ristorante/Albergo da Giovanna** folgt man den Markierungen (Nr. 50) und Hinweistafeln auf dem ansteigenden gepflasterten Pilgerweg. Die letzten Häuser bleiben zurück. Rechter Hand felsbesetzte waldige Hänge, links Durchblicke zur Straße, die von Chiusi della Verna zur erwähnten Örtlichkeit La Beccia führt. In den Zugang von La Beccia mündet unsere Route nach etwa 20 Min. Nun laufen wir auf dem Weg, den Francesco d'Assisi gegangen sein soll, als er erstmals hier weilte.

Es kommt ein Rechtsknick, der Weg wird spürbar steiler. Die Kurve an der **Capella degli Uccelli** (Kapelle der Vögel) ausgehend, führt er uns in 10 Min. hoch zum → **Santuario Francescano La Verna** im → **Nationalpark Foreste Casentinesi, Monte Falterona e Campigna**.

Gipfelfels des Monte Penna.

Der Weiterweg erfolgt zwischen der Chiesa Maggiore und dem Corridoio durch die Pforte: Gleich links gehen wir über Steinstufen empor zum **Oratorio del Beato Giovanni delle Verna**, einem seliggesprochenen Eremiten. Und schon erwartet uns die erste luftige Kanzel, wo der Fels senkrecht abbricht.

Die ausgetretene Spur führt rechts am Rande des in diesem Abschnitt atollähnlichen, laubwaldbewachsenen Bergstockes entlang. Klüfte reißen das graue Gestein auf, Schärtchen unterbrechen den Felsenkranz. Es folgt ein ständiges Auf und Ab. Die Farbzeichen leiten uns über

Blick aus dem Tal zum Santuario La Verna.

Kuppen bzw. weichen ihnen rechts in den Flanken aus. Indes können auch nahezu sämtliche Zacken entsprechend dünner Pfadspuren »mitgenommen« werden.

Unverhofft stehen wir vor einer Kapelle. Durch das Gitter werfen Gläubige Münzen und Scheine ins Innere: Offerte (Opfergeld). Die Kapelle schmiegt sich an die geländergesicherte Gipfelkuppe des → **Monte Penna** – Sacro Monte della Verna. Schwindelnde Tiefblicke! Von Chiusi della Verna 1¼ Std.

Der Abstieg tendiert unterhalb des Gipfels in die linke Richtung, doch schon bald schwenkt der Weg nach rechts. Breite, weiterhin bestens bezeichnete Wege, senken sich im Wald – streckenweise steinig und steil. Ungefähr 20 Min. sind es zum Sträßchen bei den bizarren, offensichtlich von der Erosion geprägten Felsfiguren. Der Asphalt kommt links von den geräumigen Parkplätzen, bei denen die beschilderte Straße von Chiusi della Verna mündet. Wir spazieren rechts und wieder in den **Santuario**.

Tourencharakter: Einfache Wanderung, überwiegend schattig; bei Nässe stellenweise rutschig. **Beste Jahreszeit:** Frühjahr bis Herbst. **Reine Gehzeit:** Knapp 2¼ Std. **Anstiege:** Etwa 400 Hm. **Weglänge:** 8 km. **Ausgangs-/Endpunkt:** Chiusi della Verna. **Markierungen:** Rot-weiß-rot der Wegnummern 50 und 51. **Wanderkarte:** Multigraphic 1:50000, Blatt Appennino Toscoromagnolo e Pratomagno. **Verkehrsanbindung:** Von Bibbiena (Busse) 23 km auf der Staatsstraße 208, von Pieve Santo Stefano (Tibertal, Busse) 16 km. **Unterkunft:** Chiusi: Albergo-Ristorante da Giovanna**, Tel. (0575) 599275; Santuario La Verna, Tel. (0575) 599025. Camping La Verna (Frazione Vezzano), Tel. (0575) 532093. **Einkehr:** Albergo-Ristorante da Giovanna (siehe Unterkunft), Mi geschlossen. Unterwegs: im Kloster. **Tourist-Info:** Assessorato al Turismo, I-52010 Chiusi della Verna, Tel. (0575) 532073, Fax 599139.

Warum nicht nach Arezzo?

7

Bahnhof – Amphitheater – Fortezza – Dom – Casa del Petrarca –
Piazza Grande – Pieve di Santa Maria Assunta – San Francesco –
Corso Italia – Bahnhof   Karte: K6

In → **Arezzo,** im Park vor dem **Bahnhof** ①, beiderseits des **Piazzale
della Repubblica** ②, steht je eine Kopie (Springbrunnen) der furcht-
einflößenden **Chimäre,** eines Fabelwesens der griechischen Mytho-
logie: vorn Löwe, in der Mitte Ziege, hinten Drache bzw. Schlange.
Die Bronzeplastik des Originals (Archäologisches Museum Florenz),
vermutlich eine Votivgabe aus dem 6./5. Jh.v.Chr., fand man beim
Bau der »Fortezza«.
Am **Piazzale** schlendern wir rechts (geradeaus geht es ins Zentrum)
auf der **Via Spinello,** vorbei am Stadttor **Bastione Santo Spirito** ③ der

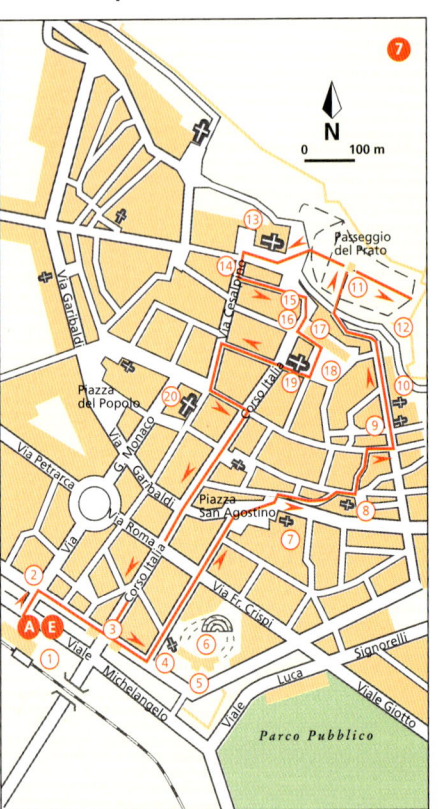

mediceischen Mau-
er (1553), und durch
die **Via Niccolò
Aretina.** Dann links
in die **Via Margari-
tone.** Rechts folgt
die Kirche **San
Bernardo** ④. Damit
sind wir beim **Mu-
seo Archeologico** ⑤
in den Räumen des
im 16. Jh. an der
westlichen Ovalrun-
dung des römischen
Amphitheaters ⑥
erbauten **Oliveta-
nerklosters San Ber-
nardo.**
Die Via Margaritone
endet bei der drei-
eckigen **Piazza
Sant' Agostino,** wo
samstags Fischmarkt
ist. Rechts halten,
das heißt, an der
Kirche Sant' Agosti-

no ⑦ links vorbei und der **Via Minerva** folgen. Das **Gemignano-Kirchlein** ⑧ am gleichnamigen Platz nennen Urkunden erstmals 1030. Dann gehen wir links zwischen zwei Türmen in die **Via fra le torri.** Bis zur Querstraße ansteigen, dann rechts zur **Kreuzung** (jenseits befinden sich antike Mauerreste und Säulenfragmente).

An der Kreuzung links. Das steile Sträßchen ist mit Platten ausgelegt. An der Ecke der nächsten Kreuzung steht links der **Palazzetto Alberti** (15. Jh.), rechts schließen sich die Kirchen **San Lorenzo** ⑨ und **Sant'Agnese** ⑩ an. Hier, in der **Via Pellicceria,** sind wir im ehemaligen Gerberviertel. Mit der **Via del Palagi** geht es in die im 16. Jh. aufgeschüttete Senke,

Auf der Piazza Grande, dem Herz der Stadt.

den **Prato,** sozusagen die Gemeindewiese, früher Richtstätte. Ein Denkmal ⑪ ehrt Francesco Petrarca.

Südöstlich vom Prato erhebt sich auf dem höchsten Punkt (305 m) der Stadt die **Fortezza** ⑫. Nordwestlich des Prato steht der **Dom** ⑬, geweiht San Donato, dem zweiten Bischof von Arezzo, der hier im Jahre 304 unter Kaiser Diokletian das Martyrium erlitten hat.

Vorbei am Denkmal (1594) des toskanischen Großherzogs Ferdinand I. aus dem Hause Habsburg, erreicht man den nahen **Palazzo Comunale** ⑭ (1333, Rathaus, auch Palazzo dei Priori genannt). Auf der anderen Straßenseite arbeitet die Provinzverwaltung.

In Höhe des **Rathausturmes** spazieren wir links in die **Via dell'Orto.** Den **Pozzo di Tofana** erwähnt Giovanni Boccaccio (1313–1375) aus Certaldo in seinem 1470 gedruckten »Decamerone«. Haus Nr. 28 ist die **Casa del Petrarca** ⑮. Rechts um die Ecke, an der **Via del Pileati,** zeigt sich die mit den Wappen heimischer Capitani di Giustizia und auswärtiger Podestà (Bürgermeister) sowie einem Medici-Wappen versehene mehrzeilige Front des **Palazzo Pretorio** ⑯ (Stadtbibliothek), der von 1404 bis 1926 ein

Tourencharakter: Stadtspaziergang. **Beste Jahreszeit:** Frühling bis Herbst. **Reine Gehzeit:** Etwa 1½ Std. **Ausgangs-/Endpunkt:** Bahnhof in Arezzo. **Verkehrsanbindungen:** Autobahn Rom–Florenz; ab Ausfahrt »Arezzo« 11 km. In der Stadt den weißen Schildern »Stazione« folgen. Bahnhof, von dort Busverbindungen. **Unterkunft:** Hotels (meist Parkprobleme). **Einkehr:** Preiswürdig und landestypisch: Antica Osteria L'Agania, Via Mazzini 10. **Tourist-Info:** Ufficio Informazioni, Piazza della Repubblica 25, I-52100 Arezzo, Tel. (555) 37 76 78, Fax 208 39.

Gefängnis war. Entlang der **Vasari-Loggien** ⑰ auf die **Piazza Grande** ⑱. Schaustück des Platzes ist die Zwerggalerie des Chores der **Pieve di Santa Maria** ⑲. Nach ihrer Besichtigung, aus dem Portal heraustretend, gehen wir rechts von einem mittelalterlichen Wohnturm in die **Via della Bicchieraia** und dann links abwärts durch die **Via Andrea Cesalpino,** einstmals Studenten- und Universitätsviertel.

Die grobe Tuffsteinfassade der **Chiesa San Francesco** ⑳ läßt nicht erahnen, daß in der Hauptchorkapelle ein Kunstwerk von Weltrang wartet: der Freskenzyklus »Legende vom hl. Kreuz«. Der Meister – der vielleicht genialste italienische Maler des 15. Jh. – hieß Piero della Francesca, geboren in Sansepolcro. Er begann 1453 im Alter von 37 Jahren mit den Arbeiten und beendete sie als Fünfzigjähriger. Dann lockte ihn der Musenhof des märkischen Urbino zum nächsten künstlerischen Höhenflug.

Östlich geht es durch die **Via Cavour** zum **Corso Italia,** seit dem Spätmittelalter Hauptstraße der Stadt. Rechts im Haus Nr. 102 wirkt die **Fondazione Guido d'Arezzo** (Musikschule). Der Benediktiner Guido di Monaco, genannt »d'Arezzo«, entwickelte Anfang des 11. Jh. die neuzeitliche Notenschrift und benannte die ersten sechs Noten der Tonleiter. Weitere nennenswerte Paläste sind mit Informationstäfelchen versehen. Von der Kreuzung des modernen Straßenzuges Via Roma sieht man rechts auf der Piazza Guido Monaco das Standbild des Musikpioniers.

An der Kreuzung läuft man schnurstracks zur bekannten **Bastione Santo Spirito.**

Die Reste des römischen Amphitheaters.

Weinseligkeit im Chianti

Greve in Chianti – Casa Fede –
Panzano – Greve   Karte: G 6

8

Reißen wir uns los von der geschlossenen Harmonie des **Marktplatzes,** der »guten Stube« von → **Greve,** einem Hauptort des → **Chianti.** Hier findet Mitte September ein großes Weinfest (Rasegna del Chianti Classico) statt.

An der Nordostecke des »Marcantilo« (Piazza Giacomo Matteotti), beim **Albergo del Chianti,** geht es in die **Via delle Conce** und anschließend linkshaltend (Via Sagrona) steil bergan. Ab den obersten Häusern wandern wir auf einem schmalen Weg und genießen rechts den schönen Blick zum Bergdörfchen Montefioralle. Es ist der Geburtsort von Amerigo Vespucci (1451–1512), einem Seefahrer in spanischen und portugiesischen Diensten. Er entdeckte die Amazonasmündung, stellte klar, daß dies nicht die Küste Asiens bzw. Indiens sei, sondern die eines anderen Kontinents. Und diesem Kontinent gab der deutsche Kosmograph Matthias Ringmann 1507 den etwas abgeänderten Vornamen des Toskaners: America.

Am Marktplatz von Greve in Chianti.

Nach ¼ Std. wird ein breiter Querweg betreten, dem man nach rechts folgt; 5 Min. später läuft man an der **Casa Fede** (Ferienhaus) rechts vorbei. Kurz danach, an der Weggabelung, entscheiden wir uns für halb links, bei der nächsten Teilung geht es geradeaus.

Der aussichtsreiche Weg passiert rechts das ehemalige Gehöft **Montegonzi** und führt zu einem freien Platz, wo Kalkfels an die Oberfläche tritt. Dort wandern wir

Tourencharakter: Einfache Streckenwanderung (hin und zurück); kein Schatten. Kann durch Wanderung 10 bis Castellina ausgedehnt werden. **Beste Jahreszeit:** Frühling, Frühsommer, Herbst. **Reine Gehzeiten:** 3½ Std. Hinweg knapp 2 Std. **Anstiege:** Insgesamt etwa 400 Hm. **Weglänge:** 6,5 km. **Ausgangs-/Endpunkt:** Greve in Chianti. **Wanderkarte:** Kompass 1:50000, Blatt 660. **Verkehrsanbindungen:** Ab Autobahnausfahrt »Firenze Sud« 22,5 km. Gute Busverbindungen mit Florenz (nächster Bahnhof). Parken: Östlich der Durchgangsstraße, vor dem Tourismusbüro. **Unterkunft:** Vom Autor bevorzugt: Ristorante-Albergo Giovanni da Verrazzano*** (reservieren), Tel. (055) 85 31 89. **Einkehr:** Lokale Küche siehe Unterkunft. Geheimtip: Trattoria da Padellina. Panzano: Enoteca Baldi. **Tourist-Info:** Ufficio Informazioni, Via Luca Cini 1, I-50022 Greve, Tel. und Fax (055) 854 52 43.

auf dem Fahrweg 200 m abwärts zum breiten Querweg. Und weiter abwärts, rechts unter einem Steinbruch vorbei, zu einer intakten Landwirtschaft. Davor gehen wir links, jetzt auf einem Fahrsträßchen. An der Gabelung geradewegs und ansteigen. Es folgt das aufgelassene Gehöft **Panzanellino.** Ein Heustadel bleibt zurück. Das nächste Haus ist ein Feriendomizil. Bergan geht es zur quer verlaufenden **Schotterstraße.** Von Greve sind es bis hierher 1¼ Std. Südlich befinden sich in Sichtweite die Fattoria Case Nuove sowie das Kirchlein San Martino in Cecione.

Auf der Schotterstraße wandern wir links und über die höchste Kuppe hinweg. Die Hügellandschaft im Süden wird von **Tour 9** durchmessen. Abschließend mit der asphaltierten Straße in die Senke, vorbei an der **Cappella delle Grazie.** Dann sind wir in → **Panzano** und schlendern durch den »centro storico« zur **Piazza Bucciarelli** mit der Imbißstube Enoteca Baldi.

Das hochgelegene Chianti-städtchen Panzano.

Die Rückkehr nach Greve erfolgt auf dem Hinweg, es sei denn man hat das Glück, einen Bus zu erwischen.

Reben – Oliven – Etrusker

Panzano – Castello dei Rampolla – Fiume Pesa – Piazza –
Fattoria Nittardi – Macia Morta – Castellina in Chianti   Karte: G 6

9

Üblicherweise erfolgt der Aufbruch in → **Panzano** an der Durchgangsstraße bei der **Piazza Bucciarelli,** wo man sich in der »Enoteca
Baldi« stärken kann.

Von der Piazza Bucciarelli aus gehen wir in die **Via G. da Verrazzano**
und ansteigend zum Torbogen des ursprünglichen Panzano. Vor dem
Treppenaufgang der **Chiesa Santa Maria Annunziata** spazieren wir
links zur kleinen **Piazza Luca di Totto da Panzano.** Hier geht es rechts
aus den Mauern, abwärts und zur **Cappella delle Grazie.**

Von dort halb links auf aussichtsreichem Fahrweg etwa 400 m, dann
links mit Gefälle. Am ummauerten Anwesen Santa Lucia di Sopra
zeigt ein Wandbild die hl. Lucia vor dem Hintergrund von Panzano.
Santa Lucia di Sotto ist gleichbedeutend mit dem → **Castello dei
Rampolla.**

Vor dem Castello, an der Gabelung des Schottersträßchens, geht es
halb rechts und auf dem Fahrweg hinunter zur **Brücke** über die **Pesa.**
Am anderen Ufer talauswärts, bis sich der Weg links vom Flüßchen
abwendet. Ansteigend erreichen wir in 1/4 Std. **Podere Castagnoli.**

Haus und Weinflur sind Bestandteil von 150 ha Ram-
polla-Land.

Auf der Asphaltstraße laufen
wir gute 5 Min. links. Etwa
100 m nach einem Wasch-
becken, vor dem ersten Haus
von **Piazza,** biegt man rechts
spitzwinkelig in den Fahrweg (Schild: Nittardi) ein. Erneut bergan, rechts unterhalb
der Häuser von **Monte Sassi,**
in 1/4 Std. zu einem **Gehöft,**
wo unsere Route einen
Linksknick macht. Bei der
Gabelung geht man rechts.
Im Talhintergrund erscheint
der Turm von Nittardi. Nach
100 m folgen wir links dem

Tourencharakter: Einfache Streckenwanderung; kaum
Schatten. Die (wenigen) Busverbindungen für die Rück-
fahrt kann man im Caffè Terzani an der Piazza Bucciarelli in Panzano erfragen. **Beste Jahreszeit:** Frühling,
Frühsommer, Herbst. **Reine Gehzeit:** 4 Std. **Anstiege:**
Insgesamt etwa 400 Hm. **Weglänge:** 14,5 km. **Ausgangspunkt:** Panzano. **Endpunkt:** Castellina in Chianti.
Wanderkarte: Kompass 1:50000, Blatt 660. **Verkehrsanbindungen:** Ab Autobahnausfahrt »Firenze Sud« auf
der Chiantigiana (Staatsstraße 222) über Greve 29 km
nach Panzano; von Siena 34 km. Eingeschränkte Busverbindungen. **Unterkunft:** Villa Sangiovese**** (reservieren), Tel. (055) 85 24 61. **Einkehr:** Panzano: Ristorante Il Ve-scovino. Enoteca Baldi. Unterwegs: Getränke in
Nittardi. Landestypischer Mittagstisch: Antica Trattoria
La Torre in Castellina. Imbiß: Bar Circolo Italia. **Tourist-
Info:** Ufficio Informazioni, Via Luca Cini 1, I-50022
Greve, Tel. und Fax (055) 854 52 43. Informazioni per il
turista, Via della Rocca 12, I-53011 Castellina, Tel.
(05 77) 74 06 20, Fax 74 10 34.

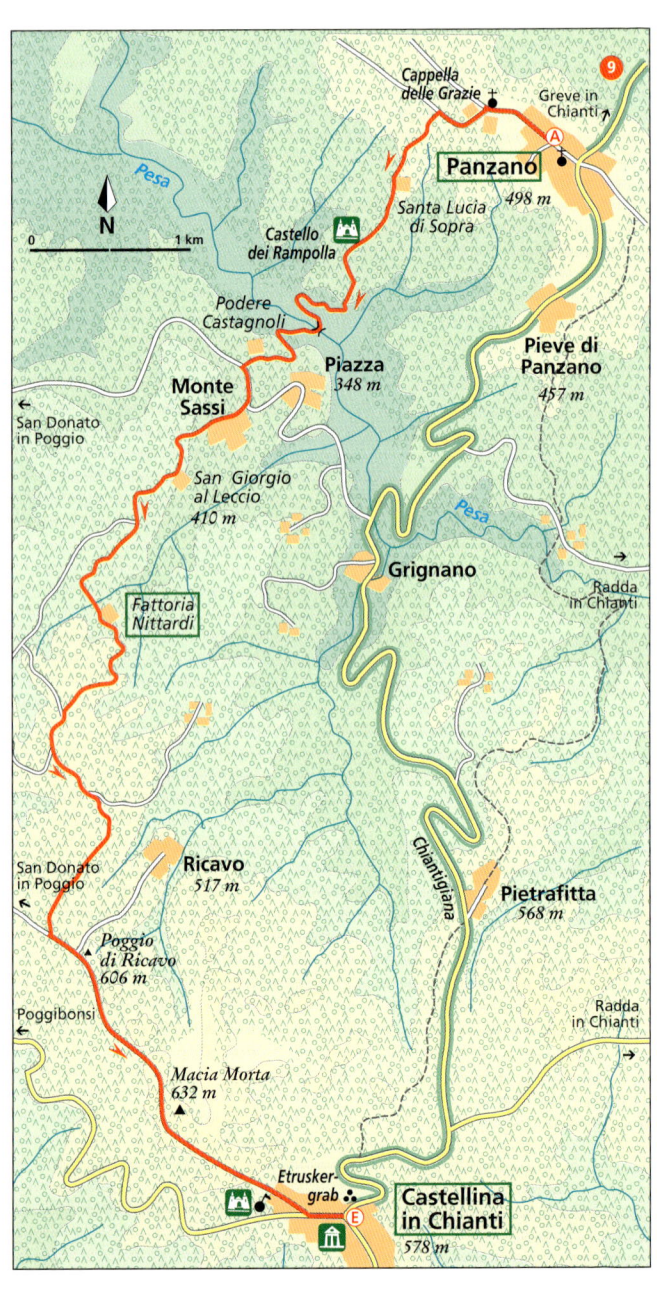

Fattoria Nittardi.

Fahrweg. Nordöstlich locken die Konturen von Panzano. Insgesamt vergehen 2 Std., ehe wir bei der → **Fattoria Nittardi** eintreffen. Der Weiteranstieg erfolgt auf dem Natursträßchen, nach ½ Std. an der Teilung geradeaus. Nochmals ½ Std., und man stößt auf eine **Asphaltstraße,** etwa 1 Std. vor Castellina.

Links in südöstliche Richtung. Am **Macia Morta** (632 m) überschreiten wir den höchsten Punkt der Tour. Die Straße senkt sich. Das **Hotel Salivolpi** befindet sich vermutlich an der Stelle einer Etruskersiedlung. Apropos Etrusker: Von der Kreuzung in → **Castellina in Chianti**, der **Piazza Roma**, sind es links entlang der Straße Richtung Florenz nur mehr 5 Min. zum Etruskergrab (Tomba Etrusca); vor dem Albergo Il Colombaio links kurz ansteigen. Großartigstes etruskisches Kulturdenkmal im Chianti! Wer auf diesen Abstecher verzichtet, bummelt von der Piazza Roma direkt ins historische Zentrum um die Piazza del Comune.

Seit Menschen-gedenken ist der Wein das belebende Element in den Chiantihügeln.

Im Süden des Chianti

10

Castello di Brolio – San Felice – Bornicatal – Pianella –
San Giusto a Retennano – Nebbiano – Castello di Brolio   Karte: H7

Im Schatten der weißgrauen, bis 16 m hohen Travertinmauern des
→ **Castello di Brolio** schultern wir den Rucksack.

Vom Eingang geht es entlang der Mauern, rechts um die Südostecke
und abwärts durch eine Zypressenallee, vorbei am **Podere Piano.** Wir
begehen ein Teilstück des **Sentiero del Chianti** (Florenz–Siena). Der

Rückblick zeigt die Front
des Schlosses. Nach ¼
Std. steht rechts der **Kreuzung** das verlassene Bauernhaus **La Grotta** (Ricasoli-Wappen).

Wir überschreiten die
Kreuzung schräg rechts,
passieren den **Bildstock**
links und wandern in der
Folge zwischen zwei
Häusern durch und auf
feingeschottertem Weg
weiter. Etwa 100 m nach
einer Kuppe zweigt unsere Route halb links von
der Schotterstraße ab
(Farbzeichen an den Bäumen). Wir laufen parallel
zu Weingärten, nach
300 m abermals halb
links, nun auf schmalem
Waldweg. Bei einem **Marien-Bildstock** stößt man
auf die Asphaltstraße. Sie
kurvt rechts nach → **San
Felice.**

Der Ort wird, rechts vorbei an der **Felixkapelle,**
südlich verlassen. Wir
wandern auf der Teer-

straße. Links befindet sich die Cantina (Kellerei). Der **Friedhof** bleibt zurück. Ungefähr ¼ Std. nach San Felice wendet man sich rechts ab von der Straße und den Farbzeichen, in einen Schotterweg (grünweiße Schranke). Auf ihm läuft man, bald links haltend, weiter bis kurz vor das Anwesen **Malaspesa.** Dort links, gleich danach rechts. Zunächst führt der Weg durch Wald, dann durch Rebenanlagen und die mit Pappeln bepflanzte Auenlandschaft. Schließlich wird ein **Gehöft** passiert, und wir kommen zur **Autostraße.** Rechts sind es 500 m zur Arbiabrücke bei der Ortschaft **Pianella** (226 m). Vom Ausgangspunkt 2¼ Std.

Südfront des Castello di Brolio.

Vor der **Brücke** gehen wir rechts, fortan auf der **Strada del Vino Chianti Classico** an den Talflanken knapp 20 Min. Gegenüber dem **Straßenwärterhäuschen** biegt die Route rechts ab, ansteigend durch Weingärten ¼ Std. zur Häusergruppe → **San Giusto a Retennano.** Die Naturstraße bringt uns in 10 Min. zum Asphaltband. Dort gehen wir links, nordöstlich auf dem Höhenrücken zwischen Arbia- und Bornicatal. Der Castello di Brolio wird sichtbar. Lucignano bleibt links liegen. Vorbei am **Friedhof.** Das Kirchlein **San Michele Arcangelo** im Weiler **Nebbiano** (360 m) ist geschlossen. Etwa 10 Min. später gilt an der Gabelung der rechte Weg. Vorletzte Steigung! Nördlich erscheint San Regolo. Bald fädeln wir uns in den vertrauten Weg ein, empor zum **Castello di Brolio.**

Tourencharakter: Unschwierige Rundwanderung; wenig Schatten. **Beste Jahreszeit:** Frühjahr, Frühsommer, Herbst. **Reine Gehzeit:** Knapp 5 Std. **Anstiege:** Insgesamt etwa 350 Hm. **Weglänge:** 18 km. **Ausgangs-/Endpunkt:** Castello di Brolio. **Wanderkarte:** Kompass 1:50000, Blatt 661. **Verkehrsanbindungen:** Von Siena (22 km) auf der Straße 408 bis Fonte delle Coste, dann rechts über San Regolo; Allee-Auffahrt beschildert. Von Radda in Chianti 17,5 km. **Unterkunft:** Im benachbarten San Regolo vermietet die Trattoria Il Carlino d'Oro 2 Apartments, Tel. (0577) 747136. **Einkehr:** Osteria Castello di Brolio. San Regolo: Trattoria Il Carlino d'Oro; Mo Ruhetag, nur Mittagessen, Juli/August auch Fr, Sa, So am Abend. Unterwegs: In Pianella 500 m hinter der Brücke: Bar–Alimentari, Mo geschlossen. **Tourist-Info:** Ufficio Turistico, Via Roma 8, I-53019 Castelnuovo Berardenga, Tel. und Fax (0577) 355500.

Die Crete Senesi bei Siena

11

Podere Val di Biena – Podere Campora – Poggio dei Cipressi – Poggio Vangelo – Strada Lauretana – Podere Paradiso – Casetta – Podere Val di Biena   Karte: H7

Das Fresko »Auswirkung der guten Regierung auf Stadt und Land« (1338/39) von Ambrogio Lorenzetti in der »Sala della Pace« des Palazzo Pubblico zu → **Siena** stimmt einen neugierig auf die abgebildeten → **Crete Senesi,** die so gar nicht in den »Garten Toskana« passen.

Ab dem **Bahnübergang** auf dem Fahrweg, südwärts und bergan etwa 10 Min., um den **Podere Campora** zu erreichen. Vor dem Stallgebäude entscheidet man sich links für den breiten Weg, der in eine Geländemulde abfällt. Dort halten wir uns rechts und laufen hoch zum Kamm der Crete, etwa 200 m unterhalb des Weilers Mucigliani.

Auf dem Kamm rechts, mit weiß-roter Markierung. Genußvoll wandern wir zum **Poggio dei Cipressi** (276 m), benannt nach der »zerrauften« Zypresse, die weitum grüßt. Die Westrichtung wird beibehalten. Rechts unten sehen wir eines der Wasserreservoire. Es folgt der **Poggio delle Casacce** (278 m). Etwa 200 m dahinter biegen wir rechts ab. Links zieht eine lange Reihe dunkler Zypressen in perspektivischer Flucht hin zu den Häusern von Podere delle Casacce und Leonina. Die Mulde der Biena füllt ein 1987 gewässertes Staubecken. Das Faszinierende der »Crete« gewinnt an greifbaren Eindrücken. Der Kamm leitet zum ginsterbewachsenen **Poggio Vangelo** (262 m) und schlägt dort linkshaltend die Südwestrichtung ein. Am aufgelassenen Gehöft **Fiorentine di Sopra** gehen wir rechts vorbei, den Kamm links verlassend, hinunter zur **Strada Lauretana** (Siena–Asciano). Vom Ausgangspunkt 2¼ Std.

Charakteristik der Crete Senesi.

Rechts, das Tal der Biena querend, marschiert man vorbei an der **Casere San Marco.** Der Wanderer ist etwa ½ Std. auf die »Lauretana« angewiesen, ehe es von der Kuppe rechts in einen breiten Schotterweg geht. Etwa 10 Min. sind es bis zum **Podere Paradiso** (222 m). Das Wohnhaus passieren wir links. Durch Wiesen gelangen wir zu einer Kuppe (Wasserbunker). Kurz danach geht es rechts, an der Gabelung wiederum rechts. Aus dem Bauernhof **Pansarine** ist 1998 ein Komplex von Eigentumswohnungen geworden. Wir gelangen wieder auf die Asphaltstraße, wo es rechts nur noch 600 m nach **Casetta** sind: Einkehrmöglichkeit Pizzeria-Ristorante La Casetta.

Die Wanderung wird vom Restaurant geradeaus fortgesetzt. Wir laufen noch ungefähr 400 m auf Asphalt und anschließend mit einem Naturfahrweg parallel zum Schienenstrang. Nach ungefähr 45 Min., bei der Schranke, schwenkt die Fahrspur rechts ab zum stattlichen **Podere Cortine**. Beim Brunnen links, danach an der Gabelung direkt zurück zum Podere Val die Biena bzw. zum Parkplatz.

Tourencharakter: Leichte Rundwanderung; kein Schatten. Bei Nässe sind die Wege auf den Hügeln klebrig. **Beste Jahreszeit:** Frühling, Frühsommer, Herbst. **Reine Gehzeit:** 4¼ Std. **Anstiege:** Insgesamt etwa 150 Hm. **Weglänge:** 15 km. **Ausgangs-/Endpunkt:** Podere Val di Biena (210 m), östlich Siena, nördlich zu Füßen der »Crete«. **Markierungen:** Auf den »Crete« rot-weiß. **Wanderkarte:** Kompass 1:50 000, Blatt 661. **Verkehrsanbindungen:** Vom Bahnhof Siena (14,5 km) auf der Staatsstraße 73 Richtung »Arezzo«. Nach 14 km rechts (Tafel: Castelnuovo Berardenga), 300 m danach rechts zum Podere vor dem beschrankten Bahnübergang. Parken jenseits der Gleise. **Unterkunft:** Siena, siehe Tour 13. **Einkehr:** Unterwegs: Casetta, Mi geschlossen. Auch Alimentari. **Tourist-Info:** Ufficio Turistico, Corso Matteotti 18, I-53041 Asciano, Tel. (0577) 71 95 10.

12 Ein Traum – Siena

San Domenico – Piazza Salimbeni – Loggia della Mercanzia –
Dom – Sant'Agostino – »Campo« – Fonte Branda – Santuario
Catariniano – San Domenico   Karte: G 7

An der **Piazza San Domenico** befindet sich der Busbahnhof von
→ **Siena,** die Zufahrt in den Parkplatz und die Zimmervermittlung. Sie
ist also ein vorteilhafter Ausgangspunkt für den Besuch der wohl
schönsten Stadt der Toskana.

Von der **Basilica San Domenico** ① aus gehen wir durch die **Via della
Sapienza** abwärts und mit der **Costa dell'Incrociata** zur **Piazza Salimbeni.** Rechts an der Ecke befindet sich eine Eisdiele des fast schon
legendären Zuckerbäckers **Danilo Nannini,** Vater der Rocksängerin
Gianna und des Autorennfahrers Alessandro. Das Marmordenkmal
rühmt die Verdienste des Ökonomen Sallustio Bandini (1677–1760)
bei der Trockenlegung der Maremmensümpfe. An der Stirnseite des
Platzes prunkt festungsähnlich als Sitz der achtgrößten, 1472 gegründeten Bank Italiens, Monte dei Paschi, der **Palazzo Salimbeni** ② im

Stil der Gotik. Aus der Renaissance hingegen stammen links der **Palazzo Tantucci** sowie gegenüber der **Palazzo Spannocchi.** Letzterer im Stil der Frührenaissance, 1473 in Auftrag gegeben von Ambrogio Spannochi, seinerzeit Ex-Finanzminister des Piccolomini-Papstes Pius II. Rechts gehen wir in die **Via Banchi di Sopra.** An der **Piazza Tolomei** ist die Banca die Risparmio di Firenze im frühgotischen **Palazzo Tolomei** untergebracht. Auf einer **Säule** vor dem Palast verkörpert die sienesische Wölfin die Gründungssage. Links an der Straße folgt die **Kirche San Cristoforo,** wo vor dem Bau des Palazzo Pubblico der Rat der Stadtrepublik zu tagen pflegte.

Giovanni Pisano schuf die Domfassade.

Man stößt auf die belebte **Croce del travaglio** (Kreuz der Mühsal): Drehscheibe der Altstadt. Die elegante dreibogige **Loggia della Mercanzia,** einst Handelsgericht, ist das einzige Beispiel des architektonischen Überganges Gotik–Renaissance in Siena.

Der »Campo« bleibt vorerst links liegen. Wir schlendern in die **Via di Città.** Gegenüber von Haus Nr. 18 verdient der **Palazzo Chigi-Saracini** (14. Jh.) unsere Aufmerksamkeit. Hier rief Graf Guido Chigi-Saracini 1932 die Accademia Musicale Chigiani ins Leben, eines der wenigen privaten Konservatorien Italiens von internationalem Ruf: Meisterschule für Instrumentalisten und Sänger.

Jenseits von Haus Nr. 99 zeigt sich der **Palazzo Piccolomini** ③ im Stil der Renaissance, benannt nach der Bauherrin Catarina Piccolomini, Schwester von Papst Pius II., bürgerlich Enea Silvio Piccolomini. Diesem Adelsgeschlecht gehörte Corsignano bei Montepulciano, das heutige Pienza (= Piusstadt). Es verdankt seine repräsentativsten Bauwerke dem seinerzeitigen, 1405 geborenen »Heiligen Vater«. Er besaß auch in Siena nahe der Universität einen Palast, ebenfalls mit dem Palazzo Piccolomini und gelungenstes Renaissancebauwerk der Stadt.

Tourencharakter: »Bergiger« Stadtspaziergang, verhältnismäßig schattig. **Beste Jahreszeit:** Frühling, Frühsommer, Herbst. **Reine Gehzeit:** Etwa 1½ Std. **Ausgangs-/Endpunkt:** Piazza San Domenico in Siena. **Verkehrsanbindungen:** Von Florenz zweispurige Schnellstraße, 68 km. Bahnhof unterhalb der Altstadt. Busverbindungen. **Unterkunft:** Auskunft (Prenotazioni alberghieri) an der Piazza San Domenico, 9–20 Uhr. Jugendherberge: Ostello Guidorriccio (Via Fiorentina 89, Einfahrt aus dem Chianti und der Superstrada von Florenz), Bushaltestelle; reservieren über Tel. (055) 807 70 09, Fax 805 01 04. Camping: Colleverde*** (3 km nördlich, beschildert), Busverbindung; Tel. (05 77) 28 00 44, Fax 33 32 98. **Einkehr:** Einkehrmöglichkeiten teilweise im Stadtrundgang erwähnt. Außerdem z.B. Osteria Il Grattacielo (Via de Pontani 8). In der Medici-Festung Forte di Santa Barbara die Enoteca Italia, Sienas beste Vinothek. **Tourist-Info:** Ufficio Informazioni, Piazza del Campo 56, I-53100 Siena, Tel. (05 77) 28 05 51, Fax 27 06 76.

Höchster Punkt der Stadt: Dom von Siena.

In Höhe des **Caffè Mozart** (Nr. 103) geht es rechts durch die **Via del Castoro** hinauf zum **Dom Santa Maria Assunta** ④ auf dem 346,4 m hohen Kulminationspunkt der Stadt – der übrigens 59,6 m höher liegt als der Campo, das Zentrum der weltlichen Macht.

Vis-à-vis der Domfassade hütet das langgestreckte **Ospedale Santa Maria della Scala** – im Mittelalter angesehenstes öffentliches Krankenhaus Italiens – den **Museo Archeologico Nazionale.**

Vom Domplatz in die **Via del Capitano**. Rechts ist der **Palazzo Capitano** ⑤ zu sehen, einst Tagungsstätte der Bürgermiliz-Sprecher aller 17 Stadtbezirke. An der Seite der **Piazza Postierla** reckt sich die **Torre Forteguerre.** Über die **Kreuzung Dei quattro Cantoni** und durch die **Via San Pietro.** Rechts gegenüber der Kirche **San Pietro alle Scale** versteckt sich in der Via Castelvecchio die empfehlenswerte, hiesige Küchentradition pflegende Osteria Castelvecchio. Im Haus Nr. 68 der **Via San Pietro** ist die Pizzeria/Spaghetteria 4 Venti. Links präsentiert sich der **Palazzo Buonsignori** ⑥ (Pinakothek).

Durch die **Porta all'Arco** (Stadttor) zum **Prato di Sant'Agostino** ⑦ mit der ehemaligen Kirche des Augustinerordens.

Am Prato links in die **Via Sant'Agata.** Und schon haben wir den Rathausturm im Visier, auch während des Abstieges auf der **Via Giovanni Dupré,** die uns unmittelbar auf die **Piazza del Campo** bringt, deren Stimmung und Kulissen unbeschreiblich schön sind. Travertinstreifen betonen die Fächerform der Muschel. Am oberen Rand erinnert die Rekonstruktion der **Fonte Gaia** (Fröhlicher Brunnen) an das ursprüngliche Werk (1419) des Iacopo della Quercia. Das Quellwasser spiegelt verzerrt Teile der Rathausfassade, des **Palazzo Pubblico,** wider.

Vom »Campo« gehen wir an der Nordwestecke hoch – Costarella dei Barbieri – zur **Via di Città.** Etliche Schritte nach rechts, dann links in die **Via di Fontebranda**, durch den **Arco di Porta Salaria** und hinunter zur **Fonte Branda** ⑧, dem ältesten, schon im 11. Jh. verbürgten Brunnen. Rechts, gleich links, mit dem **Vicolo Tiratoio** durch einen Tunnel und schon sind wir beim → **Santuario Catariniano** ⑨. Durch die **Via Camporeggio** geht es schließlich wieder hinauf nach **San Domenico.**

»Höllenkreis« Monteriggioni

Monteriggioni – Podere Compassini – Abbadia Isola –
Ripa – Monteriggioni   Karte: G 7

13

Wir betreten → **Monteriggioni** aus südöstlicher Richtung und erreichen auf der Hauptgasse die Piazza Roma.

Von der **Piazza Roma** am **Vier-Stern-Hotel Monteriggioni** vorbei und
durch die **Porta San Giovanni** aus dem Mauerring. Südlich zeigt sich
unser erster Anlaufpunkt, der Podere Compassini; westlich die → **Abbadia Isola.**

Wir steigen zur stark befahrenen **Straße** ab (200 m
rechts die Brotzeitoase **Bar dell'Orso**). Das Asphaltband ist identisch mit der vermutlich unter
den Langobarden angelegten »Via Francigena«
von Pavia bei Mailand nach Rom bzw. der »Via
sancti Petri«, auf welcher der Erzbischof von Can-
terbury, Sigerico, zwischen 990 und 994 nach Rom
pilgerte. Ihm folgten damals unzählige Christen.

Auf der Straße geht man 100 m links, dann rechts
entsprechend den Farbzeichen einer Trekking-
Route in den landwirtschaftlichen Fahrweg und
Gegensteigung. Vom **Podere Compassini** geht es
noch etwas bergan und entlang einer Brombeerhecke in den Waldschatten. An der **Kreuzung** (ca. 250 m), ungefähr ¼ Std. nach dem
Abgang, hält man sich rechts.

*Mittelalter-
liches Flair
in Monte-
riggioni.*

Die rot-weiße Markierung führt uns im Gefälle in ¼ Std. bis an den

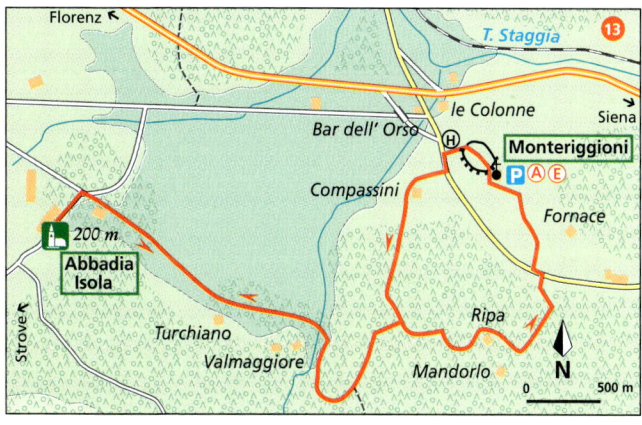

Der Mauernkranz des einzigartigen Monteriggioni.

unteren Waldrand. Dort schwenken wir nach links und gehen auf breitem Feldweg westwärts. Nach 20 Min. erwartet uns die Autostraße. Dort links, an einer rekonstruierten **Zisterne** (Wasserhahn) vorüber zum pittoresken Ensemble → **Abbadia Isola** mit lombardisch-romanischer Basilika. Von Monteriggioni knapp 1 Std.

Tourencharakter: Einfache Wanderung; streckenweise Schatten. **Beste Jahreszeit:** Frühling, Frühsommer, Herbst. **Reine Gehzeit:** Knapp 2¼ Std. **Anstiege:** Etwa 200 Hm. **Weglänge:** 8 km. **Ausgangs-/Endpunkt:** Monteriggioni. **Markierungen:** Rot-weiß. **Wanderkarte:** Kompass 1 : 50000, Blatt 661. **Verkehrsanbindungen:** Schnellstraße Siena–Florenz bis Ausfahrt »Monteriggioni«; von dort 2 km. Von Siena-Bahnhof 13 km, von Florenz 55 km. Werktags Busverbindungen mit Siena. Parken: Vor dem Tor oder unterhalb. **Unterkunft:** Hotel Monteriggioni****, Tel. (0577) 305009, Fax 305011. Außerhalb, in Strove (Anfahrt von → Abbadia Isola): Garni-Hotel Casalta***, Tel. (0577) 301002; im Erdgeschoß Ristorante, Mi Ruhetag. Camping: Luxor*** (nordöstlich, Lokalität Trasqua, beschildert), Tel. (0577) 743047. **Einkehr:** Ristorante Il Pozzo. Unterwegs: Bar dell'Orso (etwas abseits). Restaurant (12.30–14.30 Uhr) in Abbadia Isola, Mo geschlossen. **Tourist-Info:** Pro Loco, I-53035 Monteriggioni, kein Telefon.

Beim Rückweg laufen wir im Wald über die **Kreuzung** (ca. 250 m). Der breite bezeichnete Weg wird zum Pfad, der sich rechts wendet. An der nächsten Kreuzung laufen wir abermals geradeaus, anschließend über eine fast kreisrunde Lichtung. Wenig später links am **Gehöft Ripa** (305 m) vorbei und mit dem Natursträßchen abwärts. Am freien Hang gedeihen Olivenbäume und Malvasia-Rebstöcke. Von der **Bushaltestelle** auf der **Straße** kurz einige Meter links, dann rechts zum **Parkplatz.**

Es gibt nur ein San Gimignano

San Gimignano – Fattoria Fugano – Cellole – Collemucioli –
Le Piagge – San Andrea – Strada – San Gimignano   Karte: F 6

14

Ausgangspunkt ist die südliche **Porta di San Giovanni,** durch welche die Touristenmassen in → **San Gimignano** einströmen.

Nach dem Passieren des Tores geht man rechts und zwischen Parkplatz und **Carabinieristation** bergab. Bei zwei Zypressen in der Senke erfolgt die Gegensteigung. Am **Podere Signana** vorbei. Auf der Kuppe, an der Wegeteilung vor dem Gehöft, gehen wir links. Am nächsten Haus (Tor) links oder rechts vorbei, durch Weingärten mit Vernacciatrauben. Anschließend über den **Podere La Vigna** zu einer Querstraße. Auf ihr dann links, ansteigend 10 Min. zur **Fattoria Fugano** (312 m), wo ein namhafter »Vernaccia« gekeltert wird. Verkostung im Garten.

Links folgen wir dem Fahrweg. Nach etwa ¼ Std., bei einem verfallenen Anwesen, geht es rechts abwärts, parallel zu den Telefonleitungsmasten. Der Fahrweg biegt im Tal links ab, überquert einen Bach und erreicht im Rechtsbogen die Autostraße. Gute 5 Min. geht es links. Etwa 100 m vor einem Wohnhaus zweigen wir rechts ab und wandern hoch zu einer aussichtsreichen Kuppe. Beim Betonmast links, an der Blechgarage einige Meter rechts, dann links, 150 m entlang der Hecke zum Haus Nr. 1 des Streuweilers → **Cellole** mit der **Pieve di Cellole.** Von San Gimignano 2¼ Std.

Über den freien Platz und rechts halten (rote Markierung) und auf breitem Weg in 5 Min. nach **Collemucioli.** Unterhalb des Turmes der früheren Fattoria läuft man abwärts zur Asphaltstraße. Während die Farbzeichen nach links führen, wandern wir rechts, aber nur 200 m, dann links mit dem Gefälle der Straße ungefähr 5 Min. Links zur Azienda Agricola San Paolo (Podere Salone).

Tourencharakter: Unschwierige Rundwanderung; kaum Schatten. Bei Nässe streckenweise rutschig. **Beste Jahreszeit:** Frühjahr bis Herbst. Während der Lese sind die Weingärten durch Elektrozäune abgeschirmt. Rücksichtnahme ist angebracht. **Reine Gehzeit:** 5 Std. **Anstiege:** Insgesamt etwa 350 Hm. **Weglänge:** 16 km. **Markierungen:** Kurzzeitig rot-weiß. **Wanderkarte:** Kompass 1:50 000, Blatt 660. **Ausgangs-/Endpunkt:** San Gimignano. **Verkehrsanbindungen:** Von der Staatsstraße 429 ab Certaldo 14 km. Von Florenz 54 km, von Siena 38 km. Busse z.B. von Siena und Florenz. **Unterkunft:** In der Altstadt (keine Parkplätze) und außerhalb. Jugendherberge: Ostello della Gioventù, Tel. (0577) 94 19 91. Unbedingt reservieren: Tel. (055) 80 77 0 09, Fax 80 50 1 04. Camping: Il Boschetto (Ortsteil Santa Lucia, 2 km), Tel. (0577) 94 03 52. **Einkehr:** Landestypisch: Osteria delle Catene, San Gimigniano. **Tourist-Info:** Pro Loco, Piazza Duomo 1, I-53037 San Gimignano, Tel. (0577) 94 00 08, Fax 94 09 03.

Daran geht man rechts vorbei und passiert etwas später den kleinen **Friedhof.** Am nächsten Haus links herum. Der folgende zypressengerahmte Hof bleibt rechts liegen. Wiederum wird eine Straße betreten. Hier gehen wir links und zweigen nach 5 Min. beim Einzelhaus spitzwinkelig rechts ab zur 300 m entfernten Höfegruppe **Le Piagge** (Eigentumswohnungen). Danach geht es nicht zum Anwesen, sondern halb rechts und auf dem Panoramaweg oberhalb des Vergaiatales, nach ¼ Std. an einem **Bildstock** vorbei, etwas später am **Golfplatz** vorbei und zu der das Kirchlein einschließenden Häusergruppe von **San Andrea** (184 m). Nach San Gimignano sind es noch 1½ Std.

Auf der Straße rechts zur **Vorfahrtsstraße** unterhalb des Hauses **Poggiamuleti**, dort abermals rechts (talseitig). Nach 100 m an der Linkskurve nehmen wir rechts (bei Nässe besser auf der Straße, 3 km nach San Gimignano) den Feldweg. Vor dem Bach rechts, wenige Minuten später queren wir links die Bachmulde und wandern rechts weiter, ansteigend zu einem Fahrweg. Links folgt die **Fattoria il Paradiso,**

Geschlechter-turm an der Piazza della Cisterna.

Garant für gepflegten Vernaccia. Schließlich gelangt man zu den Häusern von **Strada.** Dort links, etwa 20 Min. auf der Straße. Dann durchmißt die Route entgegen der Einbahnstraße den Stadtteil San Matteo und taucht durch die **Porta San Matteo** in die Altstadt von San Gimignano ein. Haus Nr. 24 bis 26 der Via San Matteo ist der **Palazzo Tinacci,** Nr. 14 **Casa** und **Torre Pescioloni** (13. Jh.). Der **Arco della Cancelleria** stellt einen Rest der ersten Stadtmauer dar, die ab dem späten 11. Jh. von der äußeren Mauer gelöst wurde. Gegenüber von Haus Nr. 9 verrät ein Hinweis, daß sich unter der Straße ein Etrusker-grab befindet. Vor der Piazza Duomo sieht man links (Haus Nr. 2) **Palazzo** und **Torre Pettini,** auf der anderen Seite **Torri Salvucci.**

An der **Piazza Duomo** erleben wir die Monumentalität in vielfältigen Perspektiven: sakral im sogenannten »Dom«, der **Collegiata Santa Maria Assunta,** profan in Form des **Palazzo del Popolo** mit der **Torre Grasso.**

Schließlich erreichen wir die dreieckige **Piazza della Cisterna,** das Herz des Städtchens.

»La città delle belle torri.«: San Gimignano.

Die Geheimnisse von Volterra

15

Porta a Selci – Akropolis – Porta all'Arco – Piazza - San Giusto –
»Balze« – Piazza – Römisches Theater – Etruskisches Museum –
Porta a Selci   Karte: F 7

Das Entree für → **Volterra** ist im Südosten die Porta a Selci. Links thront halbellipsenförmig die »Femmina« (Frau), ein Turm der **Rocca Vecchia ①.** Hinter der **Porta a Selci** geht man links in die **Rampa di Castello** und parallel zum westlichen Festungsabschnitt (Rocca Nuova ②) mit dem Turm »Maschio« (Mann). Bei Haus Nr. 13 links in den **Parco Archeologico,** in dem man Ausgrabungen der antiken Akropolis ④ besichtigen kann. Links ein Türmchen, unter dem sich eine römische Zisterne ③ verbirgt. Wir verlassen den Park und erreichen links abwärts (Via di Castello) das **Zentrum**. Links senkt sich die Via

Palazzo dei Priori an der gleichnamigen Piazza.

Porta all'Arco zur **Porta all'Arco ⑤,** die im Zweiten Weltkrieg um ein Haar von deutschen Truppen gesprengt worden wäre, hätten die Volterraner das Tor nicht innerhalb 24 Stunden mit Pflastersteinen zugemauert.

Nachdem wir die **Piazza dei Priori ⑥** und ihre Bauwerke bewundert haben, wenden wir uns links dem **Palazzo Incontri** der **Via Ricciarelli** zu. Es folgt die **Incrociata** (Kreuzung). Die **Torre Buonparenti** (rechts) stammt aus dem 13. Jh. Anschließend sieht man ebenfalls ein Turmhaus der Buonparenti, das durch eine hohe Bogenbrücke mit dem Turm der Familie Buonguido (um 1200) verbunden war. Dann erscheint rechts der **Palazzo dello Sbarba,** ehedem Wohnsitz der Familie Ricciarelli.

Die kleine **Piazza San Cristoforo** erhielt ihren Namen von der dort befindlichen Kirche. Es übernimmt uns nun die **Via San Lino.** An der Stelle der **Chiesa San Lino** (15. Jh.) soll der hl. Linus gelebt haben, erster Nachfolger Petri auf dem Heiligen Stuhl (64–79). Die Via San Lino mündet in die **Porta San Francesco** (1260). Davor sehen wir links die **Kirche San Dalmazio** (1584), Privatbesitz der Familie Inghirami, Nachfahren des Türkenbesiegers Admiral Iacopo Inghirami. Rechts, etwas abseits, befindet sich die **Chiesa San Francesco.**

Das mittelalterliche Volterra bleibt zurück. Jetzt umgibt uns der **Borgo Santo Stefano**. Es geht abwärts. Rechts präsentiert sich die

romanisch-pisanische Fassade der im 18. Jh. aufgelassenen **Kirche Santo Stefano** ⑦. Gegenüber von Haus Nr. 84 führt links der **Vicolo della Penera** als Abstecher (ca. 200 m) zu einem Teilstück der **Etruskermauer.**

Dann sind wir im **Borgo San Giusto.** Links lehrt der Istituto Statale d'Arte (Handwerks-Fachschule). Rechts überrascht **San Giusto** ⑧. Eigenwillig erscheint das Bild durch die sanft hochziehende, baumgesäumte Wiese. Lohnend: Rechts an der Kirche vorbei und rechts die Böschung hinab: **Etruskergräber** ⑨.

Weiter auf der Straße zur mittelalterlichen **Porta Menseri.** Davor gehen wir rechts und in nördliche Richtung, erneut an die etruskische Stadtmauer, an der ein Stück entlanggelaufen wird, bis an den Zaun des Campingplatzes. Von hier ergeben sich vielsagende Blicke in die

Tourencharakter: Stadtspaziergang. **Beste Jahreszeit:** Frühling, Frühsommer, Herbst. **Reine Gehzeit:** 1½ Std. **Ausgangs-/Endpunkt:** Porta a Selci in Volterra. **Verkehrsanbindungen:** Staatsstraße 68 von Cecina 43 km, von Florenz 81 km. Nächster Bahnhof (10 km): Saline di Volterra. Werktags gute Busverbindungen. Parkplätze um die Altstadt. **Unterkunft:** In der Altstadt und außerhalb. Jugendherberge: Ostello della Gioventù, Tel. (0588) 85577. Camping: Le Balze**, Tel. (0588) 86150. **Einkehr:** U.a. Trattoria Il Sacco Fiorentina (Fr geschlossen). **Tourist-Info:** Ufficio Informazioni, Via Turazza 2, I-56048 Volterra, Tel. und Fax (0588) 88150.

Das römische Theater mit Bühnenrest und Rängen.

teils 100 m hohen Abbrüche der Balze ⑩ (Steilabhänge eines sandigen Sockels). Wir sehen das 1030 gegründete, 1861 von den Ordensangehörigen aus Angst vor den brechenden Balze verlassene Kloster.
Zurück auf die **Piazza dei Priori.** An der Kreuzung (Apotheke) biegt man nun links in die Via Giacomo Matteotti und zur **Piazza San Michele.** Die romanisch-pisanische Fassade von San Michele glänzt durch effektvolles Schwarz-Weiß.
Unweit des Platzes lag das römische Forum. Die **Via Guarnacci,** durch die wir spazieren, verläuft identisch zum etruskisch-römischen Cardo Maximus (Nord-Süd-Hauptstraße). Kurz vor der Porta Fiorentina laufen wir links, an der mittelalterlichen Stadtmauer ungefähr 100 m zu den Aussichtsplätzen über dem **Römischen Theater** ⑪.
Nun folgt die »Rückkehr« ins Mittelalter, auf die **Piazza San Michele.** Dort biegt man links in die **Via di Sotto.** Sie stößt auf die **Piazza XX Settembre** mit der **Kirche Sant'Agostino** ⑫ (Gemälde, Terrakotta-Altar). Zur Mittagszeit sind Sie in der Trattoria Il Sacco Fiorentino übrigens bestens aufgehoben!
Durch die **Via Don Minzoni** gelangt man zum **Etruskischen Museum,** dem ersten Italiens (1761). Vorbei an der Barockfassade der **Kirche San Pietro a Selci,** zum Ausgangspunkt, der Porta a Selci.

In die Colline Metallifere

San Dalmazio – Podere Perucci – Rocca di Sillano – Podere
Il Leccio – Pieve di San Giovanni – San Dalmazio   Karte: F 7

16

Einen hübscheren, üppigeren Blumenschmuck als der Kern von
→ **San Dalmazio** kann wohl keine Toskanagemeinde aufweisen.

An der **Piazzetta** (oberhalb der Kirche an der Durchgangsstraße) gehen wir bei Haus Nr. 205 am Rand des verwinkelten Zentrums aufwärts. Nach 5 Min. wird das Asphaltsträßchen links verlassen (rechts die Häuser Nr. 78, 79). Nun bergan in einer
Art Hohlweg unter Laubbäumen. An der Wegeteilung laufen wir geradeaus, noch immer am oberen Rand einer
langgestreckten Wiese, und erreichen in 5 Min. die Asphaltstraße. Links liegt die (verschlossene) **Kirche
Madonna della Casa.**

Unsere Wanderung folgt der ansteigenden Straße nordwärts. Die Burgruine taucht auf. Der Weg führt vorbei am
Podere Perucci. Etwa ½ Std. nach dem Ort steht rechts
der **Podere Il Leccio** (Ferienhaus). Links folgt eine kleine
Kapelle. Hier mündet der Rückweg.

Weiter auf der Straße, ehemals eine wichtige, von der
Rocca bewachte Verkehrsader. Knapp 5 Min. später zweigen wir
rechts ab (gelbe Hinweistafel), passieren die Schranke und gehen
spürbar steiler bergan. Erneut zeigt sich die Burg. Etwa 5 Min. nach-
her geht es links durch die Reste des Vorbaues, von der Spur geleitet

*Glockenturm
der Pfarr-
kirche San
Dalmazio.*

empor in die → **Rocca di Sillano.** Links an der Mantel-
mauer entlang zur Pforte an
der Nordostecke. Jetzt erkennt man die tatsächlichen
Ausmaße. Der Bergfried, an
dem der ursprünglich hochgelegene Eingang noch zu
erkennen ist, gehört der
mittelalterlichen Burg an. In
gutem Zustand, gefördert
durch die 1998 abgeschlos-
senen Restaurierungsmaß-
nahmen, befinden sich die
seitlichen, drei Meter breiten

Tourencharakter: Leichte Rundwanderung; kaum
Schatten. **Beste Jahreszeit:** Frühling bis Spätherbst.
Reine Gehzeit: 1 3/4 Std. **Anstiege:** Insgesamt 250 Hm.
Weglänge: 6 km. **Ausgangs-/Endpunkt:** San Dalmazio.
Wanderkarte: IGM-Karte (Istituto geografico militare).
1:100 000, Blatt 19 (veraltet). **Verkehrsanbindungen:**
Staatsstraße 439 zwischen Pomarance (4 km) und Lar-
derello (6,5 km) bei Croce Bulera östlich verlassen und
4,5 km nach San Dalmazio. Werktags Busverbindun-
gen. Von Siena 56 km, von Volterra 29 km, von Massa
Marittima 32 km. **Unterkunft:** Pomarance: Hotel Il
Pomarancio***, Tel. (05 88) 64 46 16. **Einkehr:** Bar und
Alimentari an der Piazzetta in San Dalmazio. Pome-
rance: Spezialitätenrestaurant Il Geranio (Hotel Il Po-
merancio). **Tourist-Info:** Ufficio Turistico, Piazza dei
Priori 19, I-56048 Volterra, Tel. (05 88) 86099.

Gewölbe, die wahrscheinlich als Stallungen dienten. Genießen Sie die Ausblicke über die → **Colline Metallifere**. Westlich und südwestlich die Dampfwolken von → **Larderello**. Im Osten über dem Tal des Torrente Pavone haben Erderosionen die Kies- und Lehmhänge angefressen. Die Ortschaft Montecastelli grüßt in Form eines pisanischen Festungsturmes und der Pieve Filipo e Giacomo aus dem 13. Jh. An klaren Tagen, wenn die Tramontana, ein kalter Nordwind, die Dunstschleier aufwischt, sei sogar die Insel Elba zu sehen. Von San Dalmazio ¾ Std.

Etwa 70 m nach dem Torbau schlagen wir das Weglein links ein, wandern durch Gebüsch und Felsen, rechts der Ruine zum **Podere Casetta,** von dem uns ein Fahrweg zum Asphaltsträßchen lenkt – bei der erwähnten Kapelle.

Anschließend folgt ein Straßenmarsch. An den Straßenrändern liegen vereinzelt Stacheln von Erdstachelschweinen (»Porcospino«), scheuen Nagetieren, die nachts durch die Gegend streifen. Es vergehen etwa 25 Min., dann deutet links eine Tafel zu der nur 100 m entfernten → **Pieve di San Giovanni.** Der Asphalt führt uns in 5 Min. zur **Autostraße,** auf der es rechts noch 800 m bis nach **San Dalmazio** sind.

Normannisch-romanische Fassade der Pieve di San Giovanni.

Heiliger Boden von San Galgano

San Galgano – Mersetal – Monte Siepi –
San Galgano   Karte: G 8

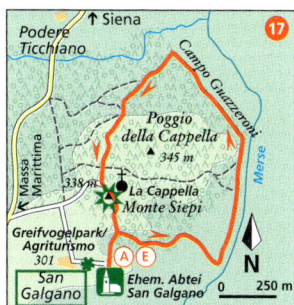

Ergreifend wirkt die Kirchenruine → **San Galgano** auf ihre Art: eine schmucklose Hülle, abgesehen von den annähernd hundert akkurat gehauenen Säulenkapitellen, dem Akanthusfries im Türstock des Portals, den Spitzbögen der Fenster. Anstelle des Marmorfußbodens magere Grasbüschel. Unendlichkeit im Gewölbe – dem Himmelszelt.

An der Nordseite der **Klosterkirche** mit breitem Weg in Richtung der sichtbaren Rundkirche auf dem Monte Siepi. Wo dieser Weg anzusteigen beginnt, gehen wir rechts auf einem Feldweg weiter, mäßig abwärts entlang eines unter dichtem Gestrüpp plätschernden Bächleins in guten 5 Min. zur Uferböschung der **Merse.** Davor folgen wir links dem Flurweg und gehen durch ein Waldstück zur Wiese **Campo Guazzeroni**. Jetzt links, am Waldrand entlang. Nordwestlich tritt die Häusergruppe des Podere Ticchiano ins Blickfeld. Etwa 50 m vor der Bachfurt hält man sich links, parallel zum Bach. Anschließend weglos am linken Rand der langgestreckten Talwiese. Vor dem Ende der Wiese biegen wir links in

Ehemalige Klosterkirche San Galgano.

einen Waldweg und gehen aufwärts 5 Min. zu einem Querweg. Dort links, mit dem nächsten Querweg rechts, vorbei an einem gemauerten Hüttchen (Unterstand möglich) und bergan zur Straße, welche uns auf die Kuppe des → **Monte Siepi** führt. Hier genießen wir die schöne Aussicht. Ab der Rückseite des Rundbaus gelangt man in 5 Min. nach **San Galgano.**

Tourencharakter: Unschwierige Rundwanderung; nach Regen schmieriger Boden. **Reine Gehzeit:** 1 Std. **Beste Jahreszeit:** Frühling bis Spätherbst. **Anstiege:** Etwa 60 Hm. **Weglänge:** 3,5 km. **Ausgangs-/Endpunkt:** San Galgano. **Wanderkarte:** Kompass 1:50 000, Blatt 661. **Verkehrsanbindung:** Die Stichstraße zweigt von der Staatsstraße 441 östlich Palazzetto ab. Von Massa Marittima 30 km, von Siena 34 km. Bushaltestelle (Verbindungen werktags) an der Staatsstraße. **Unterkunft:** Agriturismo San Galgano (neben Greifvogelpark), 5 Doppelzimmer, Tel. (05 77) 75 07 23. Palazzetto: Hotel/Ristorante. **Einkehr:** Agriturismo San Galgano (Imbiß); Mo geschlossen. **Tourist-Info:** Comune di Chiusdino, Piazza del Plebiscito 2, I-53012 Chiusdino, Tel. (05 77) 75 10 55, Fax 75 06 00.

Ins Bergnest Montepulciano

18

Porta al Prato – Piazza Michelozzo – Loggia del Mercato – Santa Maria
dei Servi – Piazza Grande – Palazzo Tarugi – Porta al Prato   Karte: J8

Von Norden nach Süden mißt → **Montepulciano,** die »Perle des
16. Jh.«, 1,4 km und ist nirgendwo breiter als 400 m. Der Renais-
sancestil übt hier, im Gegensatz zum monströsen Florenz, vornehme
Zurückhaltung, wenn auch unser Augsgangspunkt, die Porta al Prato,
martialisch erscheint. Schließlich bildet sie ein Bollwerk des von Antonio Sangallo d. Ä. entworfenen Befestigungssystems.

Wir gehen durch die **Porta al Prato** ① und das Mittelalter-Stadttor.
Unmittelbar danach verheißen an der **Via di Graciano nel Corso** diverse Weinstuben exklusive Gaumenfreuden – »Vino Nobile di Montepulciano«. Sehr empfehlenswert ist auch das Speiselokal »Trattoria
Diva e Maceo« (Nr. 90).

Auf der **Piazza Savonarola** steht links
neben der **Marzocco-Säule** (Florentiner Löwe) der ovale Zentralbau von
San Bernardo ②. Bei dieser Gelegenheit eine Randnotiz zur **Piazza Savonarola**. Durch ihre Namensgebung
erfuhr der 1452 in Ferrara geborene
Dominikaner-Bußprediger Girolamo
Savonarola späte Rehabilitation. Er
hatte gegen den Sittenverfall am
päpstlichen Hof gewettert sowie
fanatisch versucht, in Florenz, wo er
seit 1484 wirkte, ab 1491 als Prior
des Klosters San Marco, eine Demokratie auf theokratischer, gottesherr-
schaftlicher Grundlage durchzu-
setzen. Gefoltert und als Häretiker
und Schismatiker verurteilt, wurde er
am 23. Mai 1498 vor dem Rathaus
gehängt und verbrannt, und seine
Asche vom Ponte Vecchio in den Arno gestreut. 1558 erkannte Rom die
Übereinstimmung der theologischen
Gedanken Savonarolas mit der kirch-
lichen Lehre ab.

Weiter geht es auf dem »Corso«. Rechts das Renaissance-Schmuckstück **Palazzo Avignonese** ③ (Nr. 91). Im **Palazzo Bucelli** ④ (Nr. 73) sind im Sockel etruskische Travertinurnen sowie etruskisch und lateinisch beschriftete Architekturfragmente eingemauert.

Torre di Pulcinella ⑤ und **Piazza Michelozzo:** Michelozzo di Bartolommeo (1396–1472) betrieb in Florenz eine Werkstatt zuerst mit Lorenzo Ghiberti, dann mit Donatello. Als Dombaumeister (1446–1452) stand er in der Nachfolge Brunelleschis. Für **Sant' Agostino** ⑥ in Montepulciano skizzierte er den Entwurf (Mischstil Gotik–Renaissance) der Marmorfassade und formte das Terrakottarelief (Maria zwischen Johannes d. T. und Augustinus) im Portaltympanon. Im Neben-

Torre di Pulcinella.

gebäude befindet sich ein **Tourismusbüro** (Pro Loco).

Die **Loggia del Mercato** ⑦ (16. Jh.) diente als Getreidehalle, deshalb auch der Name Loggia del Grano. Davor, auf der Piazza delle Erbe, fand der Gemüsemarkt statt.

Links in die **Via di Voltaia nel Corso.** Das Haus Nr. 21 ist der unvollendete **Palazzo Cervini** ⑧ mit dem Banco Credito Popolare. Eine leckere Imbißauswahl offeriert das traditionsreiche **Antico Caffè Poliziano.** Beim barocken Zentralbau der **Chiesa del Gesù** ⑨ übernimmt uns die Via dell'Oppio nel Corso. Am Beginn der Via del Poliziano steht links das Geburtshaus (Nr. 5) des Humanisten und Lyrikers »Poliziano« ⑩, bürgerlich Angelo Ambrogini (1454–1494).

Wir kommen zum Aussichtsbalkon bei der gotischen, 1702 barockisierten Kirche **Santa Maria dei Servi** ⑪. Im angeschlossenen früheren Klosterkomplex reifen die Weine der Cantina Gattarecchi in Gewölben des 12. Jh.

Tourencharakter: Stadtspaziergang. **Beste Jahreszeit:** Frühling bis Herbst. **Reine Gehzeit:** 1 Std. **Ausgangs-/Endpunkt:** Porta al Prato in Montepulciano. **Verkehrsanbindungen:** Von der Autobahnausfahrt »Montepulciano« (Florenz–Rom) 9 km. Werktags gute Busverbindungen. Parken vor der Porta al Prato. **Unterkunft:** Altstadt (kaum Parkmöglichkeiten) und außerhalb. **Einkehr:** Ausgiebige Gelegenheit, u.a. am Beginn des Rundganges (Trattoria Diva e Maceo). **Tourist-Info:** Ufficio Informazioni, Via Ricci 9, I-53045 Montepulciano, Tel. (0578) 758687.

Montepulciano vom Eingang im Norden.

An der Gabelung rechts (Via di San Donato), unter der Fortezza Medicea ⑫ (Schule) vorbei, die Cantina Contucci passierend, auf die **Piazza Grande,** die beherrscht wird vom **Palazzo Comunale** ⑬ (Rathaus; Turmbesteigung möglich), der unansehnlichen Fassade des **Domes** ⑭, der raffiniert konstruierten Scheinbalustrade des manieristischen **Palazzo Tarugi** ⑮ und vom **Palazzo Contucci** ⑯.

An der nordöstlichen Ecke des Platzes in die **Via Ricci** ⑰. Links (Haus Nr. 9) der **Ufficio Turistico Comunale.** Der **Palazzo Ricci** (17. Jh.) birgt die Stadtbibliothek (Biblioteca comunale) mit 21000 Büchern. Auf der anderen Straßenseite befindet sich der rein sienesisch-gotische Backsteinbau des **Palazzo Neri-Orselli** ⑱ bzw. der **Museo Civico e Pinacoteca Crociana.**

Über dem Barockportal des **Palazzo Benincasa** (Nr. 1) »begegnet« uns Gian Gastone: die Büste des letzten Großherzogs der Toskana (1723–1737) aus der Familie Medici. Am Ende der Via Ricci – links die Chiesa San Francesco ⑲ – halten wir uns rechts und kommen über die Via del Poggiolo auf die **Piazzetta degli Archi.** Die Via dell'Erbe bringt uns vor das 1653 gestaltete Barockportal der **Chiesa di Santa Lucia** ⑳. Rechts bringt uns die Via delle Caldaie in Kürze zurück zum Hinweg.

Sovana ist Geschichte

Sovana – Tomba della Sirena – Cava di San Sebastiano – Tomba Ildebranda – Tomba Pola – Cavone – Podere Volpi – Sovana   Karte: J10/11

19

Unsere Wanderung beginnt an der **Piazza del Pretorio** in → **Sovana.**
Wir gehen in die **Via del Duomo,** vorbei am Geburtshaus (links) von
Papst Gregor VII. (1073–1028) und am **Dom.** Der gepflasterte historische Stadtweg bringt uns abwärts zur Autostraße. Wir durchschrei-
ten den **Tunnel;** am Ausgang oberhalb sieht man **Kolumbari-**
en: nischenartige Vertiefungen für Urnenbestattungen um
die Zeitenwende.

Am **Parkplatz** die Straße links verlassen. Mit dem Fußweg
geht es über den Bach und bergan zur **Tomba della Sirena**
(3./2. Jh. v. Chr.). Das Scheintor symbolisiert den Eingang ins
Totenreich. Talauswärts folgen am Hang weitere Gräber dieser Epoche, so zwei **Halbsockelgräber** in Altarform für die
Ablage von Opfergaben. Links öffnet sich die tief eingekerb-
te **Cava di San Sebastiano.**

Kurz vor der Cava rechts absteigen zur Wiese im Foloniotal;
1997 wurden hier drei **Etruskergräber** freigelegt. Wir halten uns links
und gehen vorbei an der Sebastiankapelle (18. Jh.) und über den Fosso della Calesina. Auf der Straße links 250 m zur »Startrampe« für die
→ **Tomba Ildebranda.** Anstatt jedoch links den breiten Herdenweg zu
nehmen, vertrauen wir uns rechts neben der Tafel dem Hangpfad an.
Er endet vor dem Giebeldachgrab **Tomba del Tifone** (2. Jh. v. Chr.).
Links, begleitet von Halbsockel- und Schachtgräbern. Unsere Spur
mündet bei Grabkammern in die querverlaufende **Cava di Prisca,**
ebenfalls ein etruskischer Hohlweg. Links abwärts, dann erfolgt

Tomba Pola,
angelegt vor
2300 Jahren.

rechts die Gegensteigung zur
Tomba Ildebranda. Rechts
des Ildebranda-Dromos ge-
langt man in die **Tomba a La-**
cunari (4. Jh. v. Chr.). Sie hat,
geziert mit einer Kasetten-
decke, den Grundriß eines
griechischen Kreuzes. Von
Sovana 40 Min.

Auf dem Hinweg kurz
zurück, dann rechts – immer
noch Gräber streifend – in

Tourencharakter: Unschwierige Rundwanderung;
streckenweise schattig. **Reine Gehzeit:** 2¾ Std. **Anstie-**
ge: Etwa 300 Hm. **Weglänge:** 9 km. **Ausgangs-/End-**
punkt: Sovana. **Wanderkarten:** IGM-Karte (Istituto geografico militare) 1:100 000, Blätter 136, 129; (veraltet).
Verkehrsanbindungen: Von Pitigliano (Staatsstraße 74)
7,5 km. Parken am Nordrand des Ortes. Schlechte Busverbindungen, nur werktags. **Unterkunft:** Zwei Hotels,
Privatzimmer. **Einkehr:** Taverna Etrusca (auch 7 Doppelzimmer). Imbiß nebenan in der Bar della Taverna.
Tourist-Info: Ufficio Informazioni, Palazzo Comunale,
I-58010 Sovana, Tel. (05 64) 61 55 45.

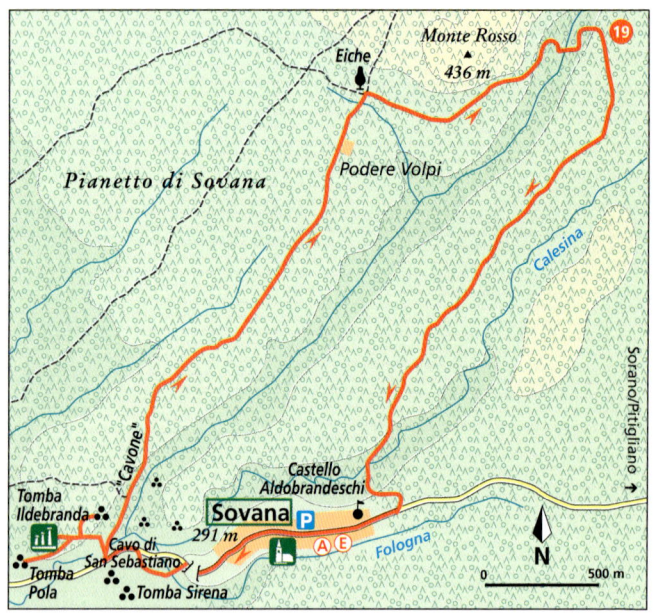

5 Min. durch den Hang zur **Tomba Pola** (3. Jh. v. Chr.). Zurück zum breiten Schotterweg und wieder hinunter zur **Straße.** Wir schwenken links in den etruskischen Hohlweg **Cavone** ein; oberhalb der Sohle liegen **Grabkammern** (7. Jh. v. Chr.). Der Cavone bringt uns auf die Hochfläche Falcetto. Ungefähr 35 Min. nach der Straße erreicht man den **Podere Volpi** (Brunnen). Etwa 5 Min. später, an der Linkskurve, biegt man vor der **Eiche** rechts ab. Längs von Buschwerk geht es in den Flanken des Monte Rosso. Bald senkt sich der Weg. An der Gabelung halb links auf der sandig-steinigen Böschung. Obwohl der Weg stark überwachsen ist, kann der Verlauf nicht verfehlt werden – in guten 10 Min. hinab zu einem Bächlein. Am anderen Ufer ¼ Std. steil empor zum flachen Rücken der Hochebene.

Nach 5 Min. kommen wir rechts an Weingärten vorbei. Den Bauernhof passieren wir rechts, halten uns schwach links, worauf ein breiter Weg ins **Calesinatal** führt. Rechts folgen zwei Kammergräber. Dann geht es links über den Bach, hoch zu einer schattigen Felsenge. Rechts oben im Tuff befinden sich mehrere längliche Kolumbarien-Nischen; am Weg gibt es zwei ansehnliche **Kammergräber.** Der Anstieg aus dem Tal zur Straße dauert 10 Min. Abschließend führt die Wanderung rechts zur **Aldobrandeschiburg** und nach **Sovana.**

Ehemalige Römermetropole Cosa

Tagliata Etrusca – Ansedonia – Ruinenstadt Cosa –
Tagliata Etrusca   Karte: G 12

20

Dort, wo Giacomo Puccini in dem nach ihm benannten Turm am Meer an seiner »Tosca« feilte, treten wir die Wanderung an. Vom **Imbißkiosk** zum Kanal. Der Hafenbucht entragen klobige Reste römischer Piere. Diesseits der Wasserrinne, auf künstlich angelegtem, geländergesichertem Steig werden wir zur Mündung der → **Tagliata Etrusca** geführt.

Kurz zurück, dann geht es links empor (Steinstufen), über den 30 m tiefen Spalt »**Spacco della Regina**« hinweg, zu einer Asphaltstraße in → **Ansedonia.** Zypressen begleiten uns zur breiten Querstraße, wo wir nach links gehen. Die Torre San Biagio erscheint. An der

Auf dem Forum des römischen Cosa.

Straßenteilung geradeaus. Vor dem Turmgrundstück wird die Rechtskurve ausgegangen. Mit der ersten Querstraße wandern wir weiter bergan, über die Kuppe, dann rechts (**Viale delle Ginestre**). Hinter der nächsten Kuppe geht es abwärts. Bald sehen wir rechts die Zyklopenmauer von → **Cosa**. Etwa 100 m nach der exklusiven **Feriensiedlung Hermitage** knickt unsere Route spitzwinkelig rechts ab. Gegensteigung, an den Parkplätzen vorbei zum Eingang der **Area Archeologica di Cosa.** Hier, wie an den anderen relevanten Plätzen, gibt eine Informationstafel detaillierte Auskunft.

Im Hof des **Museums** zeugen voluminöse Krüge von der Wasserknappheit auf dem Berg. Hinter dem Museum befinden sich die Grundmauern eines **Atriumhauses.** Linkshaltend (Tafel »Foro«) beginnt der Rundweg durch das römische **Cosa.** Vorbei an der gemauerten **Zisterne** (Versorgung der Thermen) erreicht man das **Forum** (90 x 30 m), auf dem sich die

Tourencharakter: Einfache Wanderung; überwiegend auf Straßen. Bademöglichkeit. **Beste Jahreszeit:** Frühling, Frühsommer, Herbst. **Reine Gehzeit:** Knapp 1½ Std. **Anstiege:** Insgesamt 150 Hm. **Weglänge:** 4,5 km. **Ausgangs-/Endpunkt:** Torre Puccini (auch Torre della Tagliata) bzw. Parkplätze bei der Tagliata Etrusca. **Wanderkarte:** Carta Stradale della Costa d'Argento 1:50000. Erhältlich im Kiosk. **Verkehrsanbindungen:** Die Zufahrt (1,5 km, Bahnunterführung 2,40 m hoch) zweigt von der Staatsstraße 1 etwa 5 km nach der Ausfahrt »Orbetello« ab, und zwar in Form der zweiten Ausfahrt »Ansedonia«. **Unterkunft:** In Orbetello und am Monte Argentario. **Einkehr:** Imbißkiosk an der Tagliata Etrusca. Nahebei Ristorante Il Pescatore. **Tourist-Info:** Ufficio Turismo, Piazza della Repubblica, I-58015 Orbetello, Tel. (0564) 861226, Fax 867252.

COSA **20**

N
0   50 m

Ringstraße

Eingang/Stadttor

großer Tempel

Stadttor

Museum mit »Atrium«-Haus«

Bogendurchgang zum Forum

Basilica

Zisterne und Thermen

Comitium

Aerarium

Macellum

Ringstraße

Stadttor

Posterula (kleines Tor)

Kapitol auf der Akropolis

wichtigsten öffentlichen Gebäude scharten, wie aus der instruktiven Grundrißskizze der Informationstafel zu ersehen ist.

Wir halten uns rechts und laufen bergan zur **Akropolis** mit den noch bis 7 m hohen Mauern des **Kapitolstempels.** In diesem Haupttheiligtum wurden Jupiter, Juno und Minerva verehrt. Zugleich ist die Kuppe der herrlichste Aussichtsplatz von Ansedonia. Vom Parkplatz 50 Min.

Hafen des römischen Cosa mit Torre Puccini.

Im Naturpark Maremmen

Pratini – San Rabano – Strada degli Olivi –
Torre di Castelmarino – Pratini   Karte: F/G 11

21

Die hier beschriebene Route im → **Naturpark Maremmen** darf ohne
Führer nur zwischen dem 1. Oktober und dem 15. Juni mittwochs,
samstags und sonntags begangen werden.

In **Pratini**, wohin uns der Bus von → **Alberese** bringt, orientieren wir
uns am Wegweiser »**Itinerario 1 San Rabano**«. Ab den Rastbänken
geht es schwach linkshaltend 5 Min. in den Laubwald. Nach insgesamt 20 Min. eröffnen sich erste Blicke über das Meer sowie zur Torre di Collelunga (links) und Torre di Castelmarino, beide als pisani-
sche Wachtürme 1438 errichtet. Ein Stück eben dahin. Später geht es
wieder spürbar bergan, durch Mischwald und über Lichtungen. Etwa
1½ Std. nach Pratini erwartet uns ein aussichtsreicher Wiesenfleck.
Die Hinweistafel zeigt nach links. Vorbei am **Poggio Lecci,** dem Gipfel (417 m) der Monti dell'Uccellina, wandern wir zum einsamen
→ **San Rabano.** Von Pratini 1¾ Std.

Rechts geht es weiter (westlich). Bald senkt sich der Waldpfad und
führt vorbei an den Mauerfragmenten der **Tre Fonti** (rechts), zu einem
ausgedehnten **Olivengarten** und zur asphaltierten **Strada degli Olivi.**
Von San Rabano 50 Min.

Auf der Straße links, wenig später links dem Feldweg folgen und den
Straßenbogen abkürzen. Auf felsiger Klippe erscheint die Torre di
Collelunga. Rechts breitet sich der feuchte Piano dei Cavalleggeri aus. Vor einer gemauerten Durchfahrt zweigt links der Itinerario 4 ab (zur Torre di Collelunga). Wir hingegen marschieren auf dem Asphalt zu den **Rastplätzen** beim Wendekreis der Straße.

Links entlang des **Entwässerungskanals** Scogliette-Collelungo in 5 Min. zum breiten Platz, von dem aus der Kanal unterirdisch ins Meer floß (versandet). Hinter den

Tourencharakter: Unschwierige Rundwanderung; teilweise schattig. Bademöglichkeit. **Beste Jahreszeit:** Entsprechend den Zugangszeiten (→ Naturpark Maremmen). **Reine Gehzeit:** 5 Std. **Anstiege:** Insgesamt etwa 450 Hm. **Weglänge:** 16 km. **Ausgangs-/Endpunkt:** Pratini (83 m), erreichbar mit dem Parkbus von Alberese (9 km). **Markierungen:** Wegweiser. **Wanderkarte:** Multigraphic 1:25 000, Blatt Parco dell'Uccellina/Monte Argentario. **Verkehrsanbindungen:** Zufahrt von der Staatsstraße 1, beispielsweise ab Ausfahrt »Alberese« 7 km. Von Grosseto (nächster Bahnhof, werktags Busse) 14 km. **Unterkunft:** Gästehaus in der großherzoglichen Villa Alberese; Auskunft bei Tourist-Info. Hotels an der Schnellstraße. **Einkehr:** Pizzeria–Rosticceria, schräg gegenüber dem Informationszentrum. **Tourist-Info:** Centro Visita del Parco Maremma, Via del Fante, I-58046 Alberese, Tel. (0564) 407098, Fax 407278.

Dünen erstreckt sich ein kilometerlanger paradiesischer Sandstrand.

Nun spazieren wir am rechten (westlichen) Ufer des **Kanals** unter Schirmpinien. Nach ¼ Std. hält man sich an der Weggabelung rechts und gelangt auf den Damm. Von der Höhe grüßt die Torre di Castelmarino. Ungefähr 40 Min. nach dem Strand führt rechts ein **Holzsteg** über den Kanal, in dessen brackigem Wasser **Europäische Sumpfschildkröten** schwimmen. Sie haben gelbe Farbzeichen mit Nummern auf dem Panzer und dienen Wissenschaftlern für Populationsforschungen.

Jenseits rechts, am linken Ufer des Kanals. Der benachbarte Kalkfels ist mit Höhlen durchsetzt, von denen einzelne vor drei- oder viertausend Jahren als Wohnstatt dienten. Nach etwa 25 Min. geht es an der Gabelung links, 50 m zu einem pinienbewachsenen Platz. Erneut links, und auf felsigem Steig (Holzgeländer) knapp 20 Min. empor zur **Torre di Castelmarino,** die hoch über dem Kronenmeer des meerseitigen Pinienwaldes steht. Von San Rabano aus nicht ganz 3 Std.

Anschließend passieren wir das bruchsteingemauerte Gebäude links. Nach 10 Min. entscheiden wir uns an der Wegeteilung für die linke Richtung und wandern mäßig bergan durch Laubwald in 5 Min. zur **Asphaltstraße.** Links erreichen wir in nur mehr ¼ Std. **Pratini.**

Talamone am Südrand des Naturparkes Maremmen.

Etruskerrevier Populonia

Baratti, Parkplatz – Centro Visita – Via delle Cave – Via del
Ferro – Area Monumentale – Baratti, Parkplatz   Karte: D 9

22

Die Rundwanderung zu Füßen von → **Populonia** bei → **Baratti** besteht aus der rot bezeichneten Via delle Cave und der blau markierten Via del Ferro.

Vom **Parkplatz** aus gehen wir in den → **Archäologischen Park Populonia** und in knapp 10 Min. zum Gebäude des **Centro Visita;** Museum. Verkauf der Eintrittskarten.

Anschließend südwärts mit dem eingezäunten Weg – rechts grüßt Populonia von der Höhe – zu einem Rastplatz. Dort kommt man rechts, begleitet von den Tafeln des **Natur-Lehrpfades** zum großen **Rastplatz.** Rechts, etwas abseits, kann im **Centro di archeologia sperimentale** zeitweise etruskische Töpfertechnik unter fachkundiger Anleitung erlernt werden.

An der **Wegeteilung** halten wir uns links, im Laubwald geht es mäßig bergan. Links zweigt der gelb markierte **Itinerario naturalistico** ab. Wir bleiben auf der (kürzeren) **Via delle Cave** und werden von roten Richtungspfeilen am Holzgeländer geleitet. Wenige Minuten später erscheinen rechts die ersten etruskischen **Grabkammern** aus hellenistischer Epoche (4./3. Jh. v. Chr.), als der Friedhof am Golfo di Baratti mit Schlacken überlagert wurde. Weiter geht es auf dem Rundweg.

Abermals passieren wir **Grabkammern.** Die Route schwenkt nach rechts und leitet bestens markiert zum Aussichtsplatz **Belvedere** oberhalb der attraktivsten Gräberzone, die in ein paar Minuten erreicht wird: **Necropoli delle Grotte** und **Cava** (Steinbruch). Beide Sehenswürdigkeiten – in dieser architektonischen Form und in ihrem Erhaltungszustand einmalig in Italien – werden in einer illustrierten Info-Tafel am Rastplatz erklärt. Vom Parkplatz 1 Std.

Tourencharakter: Unschwieriger, archaisch-historischer Rundweg; teilweise Schatten, bei Nässe im Hangwald rutschig. Badegelegenheit im Golfo di Baratti. **Beste Jahreszeit:** Frühling, Frühsommer, Herbst. Mo, außer im August, geschlossen. **Reine Gehzeit:** Knapp 2 Std. **Anstiege:** Etwa 120 Hm. **Weglänge:** 8 km. **Ausgangs-/Endpunkt:** Baratti. Parken östlich beim Parkeingang. **Markierungen:** Rote und blaue Pfeile. **Wanderkarte:** Es genügt das (deutsche) Faltblatt, das man mit dem Ticket erhält. **Verkehrsanbindung:** Zufahrt (2 km) südlich von San Vincenzo von der Küstenstraße westwärts. Werktags Busse (u. a. von Piombino, nächster Bahnhof). **Unterkunft:** Beim Park ausgewiesener Caravaningplatz; Wasser. Hotels in San Vincenzo und Piombino. **Einkehr:** Imbiß im Park beim Centro Visita. Ristorante in Baratti; 10 % Skonto mit dem Bon der Eintrittskarte. **Tourist-Info:** Parco archeologico di Baratti e Populonia, Loc. Baratti, I-57025 Piombino, Tel. (0565) 29002, Fax 29107.

*Bei der Etrus-
kernekropole
am Golfo di
Baratti; auf
der Höhe das
Städtchen
Populonia.*

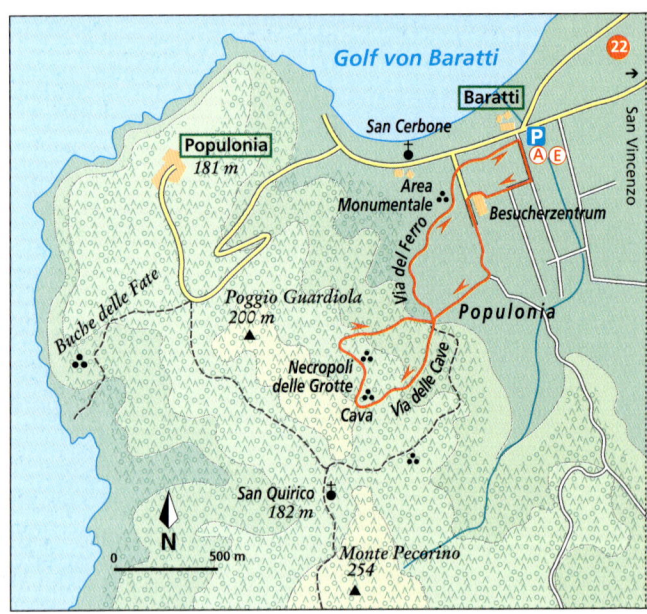

Beim anschließenden Abstieg sind rechts des breiten Weges nochmals **Grabkammern** zu bewundern, etliche davon mit ungewöhnlichem Bogen über dem Eingang. Danach gelangen wir wieder zum großen **Rastplatz.** Jetzt links in die blau markierte **Via del Ferro** einschwenken. Nach ¼ Std. erwarten uns die ersten Grabbauten: **Tomba degli Aryballo** und **Tomba della Spirala d'Oro.** Den Höhe- und Schlußpunkt bildet die **Area Monumentale** mit mehr als einem

Ausblick zum Golf von Baratti.

Dutzend Tomben unterschiedlicher Grabarchitektur; manche sind 2650 Jahre alt. Oben in Populonia fasziniert nicht nur der 2700 Jahre alte Kulturboden mitsamt den ansehnlichen Resten etruskischer Monumentalmauern, sondern mindestens ebenso der umfassende Ausblick vom dickleibigen Turm der Burg, vor allem über das Meer, aus dem sich Elbas graue Konturen schälen.

Bergbaupark San Silvestro

Temperino – Via delle Ferruzze – Cava Bianca – Valle dei Lanzi –
Rocca di San Silvestro – Villa Lanzi – Temperino   Karte: E 8

23

Da die Sehenswürdigkeiten des → **Bergbauparkes San Silvestro** im deutschen Faltblatt, das man zur Eintrittskarte erhält, numerisch bestimmt und erläutert werden, konzentriert sich die Wanderbeschreibung rein auf die Route, einer Kombination der vier beschilderten Lehrpfade.

In **Temperino** steigen wir vom Besucherzentrum aus auf breitem Weg an, geleitet von der Tafel »Via del Temperino« und vorbei am **Pozzo Gowet**. Bei **La Gran Cava** hält man sich rechts, nun mit der Via delle Ferruzze als Führungslinie. Sie zeigt uns den Förderturm am **Pozzo Earle**. Taleinwärts, streckenweise auf der Pflasterung des Knappenweges, wandern wir in 10 Min. empor zum **Pozzo Le Marchand**. Die nächsten Stationen sind: **Cava dell'Ortaccio, Polveriera** und **Buca della Daina**.

Nach insgesamt 40 Min. geht es bei der Gabelung erneut bergan, die **Cava Bianca** berührend und die **Buca dell' Aquila**. Anschließend gewährt der Panoramaweg Blicke hinaus zum Meer. Nach einer Weile folgt ein leichtes Gefälle. Wir sehen bereits die → **Rocca di San Silvestro.** In der **Valle dei Lanzi** kreuzt man ein Sträßchen und macht sich an den neuerlichen Aufstieg, entsprechend der blauen Tafeln (»Rocca San Silvestro«) der Via dei Lanzi. Sie unterquert die Pfeiler-

In der Rocca di San Silvestro.

rampe der Erzstraße und streift die **Casa Caprareccia**. Als Fixpunkt dient die Burgruine. Eine Brücke bringt uns über die Werkstraße. Der Weg endet vor den imposanten Ruinen der → **Rocca di San Silvestro.** Von Temperino aus 1½ Std.

Beim Rückweg nehmen wir kurz nach der Straßenbrücke die linke Spur, hin zur **Villa Lanzi.** Von dort steigt man auf der Straße ab, unterhalb

Tourencharakter: Unschwierige Wanderung; kaum Schatten. **Beste Jahreszeit:** Frühling bis Spätherbst. **Reine Gehzeit:** 2¾ Std. **Anstiege:** Insgesamt etwa 300 Hm. **Weglänge:** 9,5 km. **Markierungen:** Wegweiser. **Wanderkarte:** Faltblatt des Besucherzentrums. **Ausgangs-/Endpunkt:** Temperino (190 m), Besucherzentrum. **Verkehrsanbindung:** Staatsstraße 1 bis Ausfahrt »San Vincenzo Sud«. Von dort 8 km. Das braun beschilderte (»Parco archeominerario«), nicht asphaltierte Stichsträßchen (750 m) nach Temperino zweigt unterhalb Campiglia Marittima östlich ab, vor der kleinen Kirche Madonna di Fucinaia. **Unterkunft:** Hotels z. B. in San Vincenzo. **Einkehr:** Ristorante und Imbiß in Temperino. **Tourist-Info:** Parco archeominerario di San Silvestro, Via San Vincenzo 34/B, I-57021 Campiglia Marittima, Tel. (05 65) 83 86 80, Fax 83 87 03.

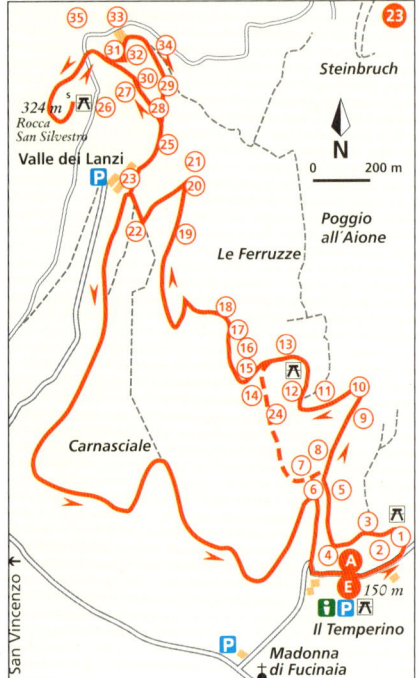

Via del Temperino:

① Pozzo Gowet (1901–1907), Erzförder-schacht der britischen Gesellschaft »Etruscan Mines«;

② Pozzo Fernet-Marchi (19. Jh.), Erzförder-schacht;

③ Präromanischer Schürfschacht;

④ Pozzo Leopoldo (18. Jh.?), Probeschacht;

⑤ La Gran Cava (vorrömisch, 16./19./20. Jh.), mehrschichtiger Abbau von der Etruskerzeit bis zu den Medici.

Via delle Ferruzze:

⑥ Ferrovia Quota 212 (1901–1907), Reste der Bahnbrücke;

⑦ Sezione Coquand (19. Jh.), Tagebau;

⑧ Pozzo Earle (19./20. Jh.), Schacht, bis in die 50er Jahre in Betrieb;

⑨ Galleria Ortaccio/Diretta Lanzi-Temperino (19./20. Jh.), Stollen für den Transport zu den Erzwäschereien im Lanzi-Tal;

⑩ Pozzo Le Marchand (1901–1907), Förder-schacht mit Winde;

⑪ Cava dell'Ortaccio (vorrömisch, 16./19./20. Jh.), Tagebau mit Abbauspuren aus der Antike;

⑫ Polveriera (20. Jh.), Pulverhaus;

⑬ Buca della Faina (vorrömisch), Grube;

⑭ Pozzo Quadrato Cava Bianca (19. Jh.), Schacht zur Überprüfung eines antiken Erzlagers;

⑮ Cava Bianca (16. Jh.?), Schürfprobe in weißem Marmor aus der Medici-Zeit;

⑯ Buca dell'Aquila (vorrömisch/16. Jh.), Schächte der Etrusker, abgeschnitten durch Tagebau der Medici-Zeit;

⑰ Pozzo Le Ferruzze (vorrömisch/20. Jh.), alter Schacht mit Probegrabung aus dem 20. Jh.;

⑱ Le Ferruzze (20. Jh.), Steinbrüche zur Gewinnung von Eisenhydroxid;

⑲ Galleria Collins Inteferiore (19./20. Jh);

⑳ Galleria Caprareccia (1901), Schürfung auf den Spuren älteren Abbaus;

㉑ Buca della Caprareccia (vorrömisch/16. Jh.?), alter Erzabbau in natürlicher Verwerfung;

㉒ Cava di Calcare di Valle dei Lanzi (20. Jh.), Steingrube, jüngster Abbau auf dem Gelände;

㉓ Loccalità Calasone – Le Laverie (20. Jh.), Erzwaschanlagen;

㉔ Discenderia Cava Bianca (1955/56), Förderrutsche.

Via dei Lanzi:

㉕ Piano Inclinato Inglese (1901–1907), Rampe für Bahn;

㉖ Ricerca San Silvestro (1883), Schürfung über Tag und unterirdisch, mit einge-meißeltem Baujahr;

㉗ Galleria Rogers (19./20. Jh.), Schürfung aus dem 19. Jh.;

㉘ Case Caprareccia (16./19./20. Jh.), Häuser für deutsche Bergleute, die im 16. Jh. alte Silbergruben ausbeuteten;

㉙ Pozzo Re (16. Jh.) kreisförmiger Schacht, bedeutendes Zeugnis für den Bergbau in der Renaissance;

㉚ Gallerione (19. Jh.), Schürfung, die mittelalterliche Minen überschneidet;

㉛ Cava di Poggio Palazzetto (16./19. Jh.), Tagebau aus der Medici-Zeit;

㉜ Miniera Medievale, senkrechtes Bergwerk aus dem Mittelalter;

㉝ Villa Lanzi (1556 bis 1559/1806–1842/20. Jh.), im 16. Jh. als Wohnung für Berg-leute, im 19. Jh. umgebaut, jetzt Museum von Rocca San Silvestro;

㉞ Palazzo Gowet (1901–1907), Villa für die Direktion der »Etruscan Mines«, nur Außenmauern erhalten.

Via dei Manienti:

㉟ Miniera dei Manienti (13.–16. Jh.), mittelalterliches Bergwerk mit Stollen und Schächten. Vor dem Eingang wurde Bleiglanz sortiert und zerkleinert.

des Palazzo Gowet, wieder in die **Valle dei Lanzi.** Wir gehen links, wie beim Hinweg. An der offenen überdachten Lagerhalle weiter auf der Schotterstraße beziehungsweise der Trasse des schienenlosen Museumsbähnchens (trenino). Der jüngste Steinbruch (Cava di Calcare) des Bergbauparkes bleibt zurück.

Ohne Probleme erreicht man die schon bekannte Talfurche beim **Pozzo Earle.** Abwärts laufen wir auf dem zementierten Sträßchen und links nach **Temperino.**

Suchen Sie ein ungewöhnliches Restaurant für das Mittag- oder Abendessen? Dann fahren Sie auf der Talstraße in Richtung San Vincenzo, bis rechts eine große Tafel zum Ristorante da Cappellaio Pazzo weist. Weiter etwa 300 m auf einer schlechten Naturstraße. Das Hobby des Wirtes Denio Bruci sind Hüte aller Arten. Sie hängen an den Wänden des Speisesaales. Die Berufung Dennys ist das Kochen, am Herd mit Mutter Michela. Küche »in varie preparazione« – variable Schöpfungen, täglich wechselnd und den Jahreszeiten angepaßt, alternierend zwischen Terra und Mare: Fleisch und Fisch und Meerestiere. Der »Wahnsinnige Hutmacher« lädt zu Tisch! Allerdings nicht gerade billig. Ein Menü kostet etwa 70 000 Lire.

Das Szenarium wird beherrscht von der Rocca di San Silvestro.

Die Pinienwälder von Cecina

24

Marina di Cecina – Tombolo di Cecina – Marina di Bibbona –
Forte di Bibbona – Marina di Cecina   Karte: D 7

In → **Marina di Cecina** treten wir am südlichsten Ende der Strandpromenade die Bade-Wander-Tour an.

Vom **Hotel Stella Marina** bzw. vor dem öffentlichen Strand kurz links, dann rechts mit eingezäuntem Weg. Nach 100 m links, wenig später leitet uns ein blaues Rollstuhl-Symbol rechts in die **Pineta**: → **Naturreservat Tombolo di Cecina,** einen kilometerlangen Dünengürtel, vor dem sich traumhafte Sandstrände ausbreiten.

Die anschließende Beschreibung ist eine der Möglichkeiten, die Tour abzuwickeln. Sie können auch ununterbrochen am Strand laufen, nach Belieben ins erfrischende Wasser springen, und auch beliebig umkehren. In Ihrer Entscheidung sind Sie völlig frei, sollten aber wissen, daß der Marsch im Sand kräftezehrender ist als das Spazieren auf festem Untergrund.

An der **Wasserwacht-Station** links vorbei. In der Folge beliebig durch den Pinienwald nach Süden, wobei das sandige Dünengelände naturgemäß schwerer zu begehen ist als landeinwärts der breite, jedoch *Die Pineta* eintönige Waldweg. Auf diesen stoßen wir ohnehin nach etwa *von Cecina.* ¹⁄₂ Std., um auf der Brücke den **Fosso Nuovo** überqueren zu können.

Wenige Minuten später laufen wir mit dem Querweg rechts und halten uns an den Maschendrahtzaun. Bei Wind ist die Brandung zu hören, übertönt vom Zirpen der unzähligen Zikaden. Der nächste Graben ist der **Fosso delle Tone.** Es folgen **Fosso della Madonna** und **Fosso dei Prati**, allesamt brackige, scheinbar stillstehende Entwässerungskanäle des fruchtbaren Hinterlandes, das zur »Maremma Pisana« an den westlichsten Ausläufern der → **Colline Metallifere** gehört,

dem unter toskanischen Großherzögen kultivierten Küstenstrich zwischen Cecina und Piombino, nicht zu verwechseln mit den → **Maremmen** südlich von Grosseto. Schließlich stößt man bei einem eigenwillig holzgestalteten Brunnen (rechts) auf ein staubiges Natursträßchen. Es kommt links von Marina di Bibbona, und bringt uns rechts in Kürze zum **Bagno La Pineta**. Von Marina di Cecina knapp 1½ Std. auf der beschriebenen Route.
Anschließend geht es an den Badestränden – im Süden erkennen wir die Konturen der Insel Elba – in 20 Min. über → **Marina Bibbona** zum Küstenwachturm → **Forte di Bibbona**.

Ungefähr 2 km südlich breitet sich zwischen dem Mare Tirreno und der Via Aurelia bei San Guido, wo die berühmte Zypressenallee nach Bolgheri abzweigt, die Oasi Faunistico di Bolgheri aus, ein Naturreservat mit spezifischer maritimer Flora und Fauna sowie einem Beobachtungsturm.
Üblicherweise ist jedoch Forte di Bibbona der Wendepunkt.

Tourencharakter: Unschwierige Streckenwanderung; Schatten in der Pineta. Bademöglichkeiten. **Beste Jahreszeit:** Frühling bis Spätherbst; im August überlaufene Strände. **Reine Gehzeit:** 3½ Std. **Anstiege:** Unerheblich. **Weglänge:** 12,5 km. **Ausgangs-/Endpunkt:** Marina di Cecina. **Wanderkarten:** IGM-Karte (Istituto geografico militare) 1:25 000, Blatt 119 (IV NO), Blatt 119 (IV SO). Nicht unbedingt notwendig. **Verkehrsanbindungen:** Staatsstraße 1; Ausfahrt Cecina und beschildert »Cecina marina«. Busverbindungen. Von Livorno 50 km. **Unterkunft:** U.a. an der südlichsten Strandpromenade Hotel Stella Marina***. Parkplatz, Schwimmbad, Strand. Tel. (05 86) 62 03 93. Zwei Campingplätze um Cecina. **Einkehr:** Ristoranti, Pizzerie etc. Unterwegs: Bagno La Pineta (Juni Mo geschlossen), Forte di Bibbona. **Tourist-Info:** Ufficio Informazioni, Via Boccaccio 17, I-57023 Cecina, Tel. (05 86) 61 13 16, Fax 61 13 14.

Tourismusmagnet Pisa

25

Bahnhof – Santa Maria della Spina – Ponte di Mezzo – Domplatz – Piazza dei Cavalieri – Borgo Stretto – Corso Italia – Bahnhof   Karte: D 5

In → **Pisa** laufen wir vom **Bahnhof** durch den **Viale Gramsci** (Marxist, Mitbegründer der KPI). Auf der **Piazza Vittorio Emanuele II** geht es links, vorbei an der **Kirche San Antonio** zur **Piazza San Antonio**. Dort folgen wir rechts der Via San Antonio bis zum Kirchlein **Santa Maria della Spina** ①.

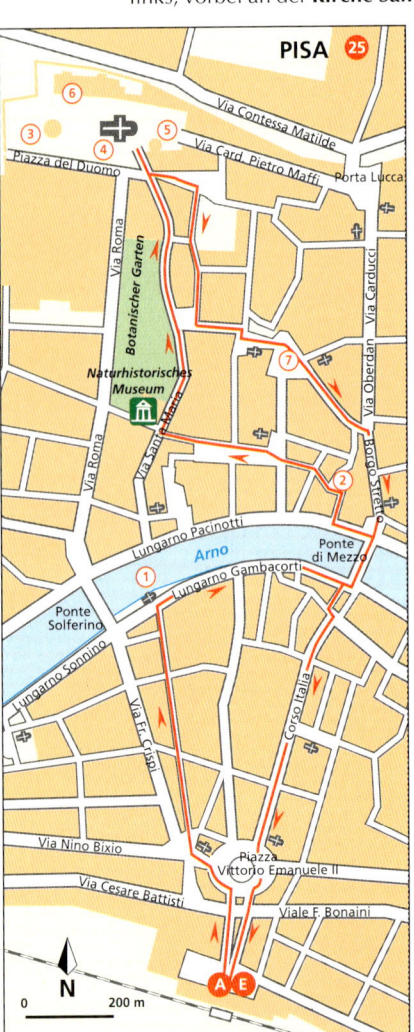

Rechts mit dem **Lungarno Gambacorti** am Arno entlang (Logge die Banchi ②), der auf dem **Ponte di Mezzo** überschritten wird, zur **Piazza Garibaldi.** Von dort halb links durch Gäßchen gewinnt man die **Piazza delle Vettovaglie,** wo vormittags Markt stattfindet. Durch die Via Domenico Cavalca gelangen wir zum **Campone** (rechts), einem der mehr als hundert Geschlechtertürme des Mittelalters. Kurz danach steht rechts die romanische, 1675 barockisierte **Kirche San Frediano**. Links der Kirche geht es in die Via l'Arancio. Sie leitet uns, unterbrochen von der Piazza Dante, zur Via San Maria. Rechts kommt man zum **Domplatz – Piazza dei Miracoli:** ein architektonisches Juwel Italiens in zeitloser Schönheit, geprägt vom **Baptisterium** ③, dem **Dom** ④, dem **Schiefen Turm** ⑤ und dem **Camposanto** ⑥.

Vom Domplatz in Richtung Osten, vorbei am Tourismusbüro (Eingang für das Dommuseum).

Ab der **Piazza Arcivescado** rechts auf die **Piazza Felice Cavalotti.**

Nach der **Kirche San Sisto** öffnet sich die **Piazza dei Cavalieri,** einst das

Zentrum der Stadtrepublik. Dominierend wirkt dort der **Palazzo dei Cavalieri** ⑦ (1562) mit geschwungener Sgraffito-Fassade. Rechts davon die Hallenkirche **Santo Stefano dei Cavalieri** (1569) des Aretiners Giorgio Vasari; links, ebenfalls von Vasari (1607), der **Palazzo dell'Orologio.**

Arnobrücke in Pisa.

Rechts neben der Stephanskirche biegen wir in die Via Ulisse Dini. Anschließend umfängt uns die Enge der Arkadenstraße des **Borgo Stretto.** Im Haus Nr. 4 befindet sich die traditionsverbundene **Pasticceria Salza.** Links, eingezwängt in die Häuserfront, steht **San Michele in Borgo:** 1044 geweiht, romanisch-pisanische Fassade, 1944 im alliierten Bombenhagel zertrümmert – wie auch andere militärstrategisch völlig unbedeutende Kulturdenkmäler.

Abermals über die Arnobrücke und weiter auf dem **Corso Italia.** An der linken Straßenseite schaut seit 1862 **Nicola Pisano** vom Denkmalsockel auf die Passanten. Die Kirche **Santa Maria del Carmine** (1325–1328) sowie das dazugehörende Kloster wurden im Juli 1944 von Fliegerbomben zerstört. Der Weg zum **Bahnhof** kann nicht mehr verfehlt werden.

Tourencharakter: Stadtspaziergang. **Beste Jahreszeit:** Frühling, Herbst. **Reine Gehzeit:** 1 3/4 Std. **Ausgangs-/Endpunkt:** Bahnhof in Pisa. **Verkehrsanbindungen:** Autobahnen, Schnellstraßen. Bus-/Bahnverbindungen. Von Florenz 82 km. **Unterkunft:** In Bahnhofsnähe Hotel Terminus e Plaza***, Via Colombo 45, Tel. (050) 500303. Jugendherberge: Privatherberge Centro Turistico dell'Acqua, Via Pietrasantini 15, 1 km vom Dom, Tel. (050) 890622. Camping: La Torre Pendente**, Viale Cascine 86, 1,3 km vom Domplatz, Tel. (050) 561704. **Einkehr:** Im Zentrum u.a. Osteria dei Cavalieri, Via San Frediano 16, preiswert-qualitätsvolle Mittagsmenüs. **Tourist-Info:** Ufficio Informazioni, Piazza del Duomo, I-56126 Pisa, Tel. (050) 560464, Fax 40903.

26 Bezauberndes Lucca

Porta Sant'Anna – Piazza Napoleone – Dom – San Regolo – Porta
San Gervasio – Santa Maria Forisportam – Torre Guinigi – Piazza del
Mercato – San Frediano – San Michele – Casa Puccini – Piazza
Napoleone – Porta Sant'Anna   Karte: D 4

Angesichts der verkehrsgünstigsten Situation (Zufahrt ab Autobahn),
gehen wir von Westen in die Altstadt von → **Lucca.**
Über den **Piazzale Luigi Boccherini** ① und durch die **Porta Sant'
Anna** kommt man auf den **Piazzale Verdi** (Busbahnhof, links Touris-

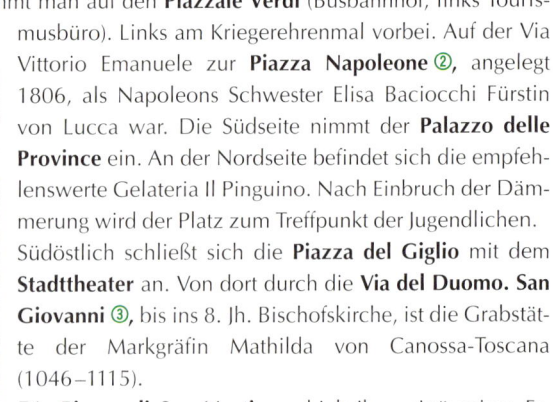

musbüro). Links am Kriegerehrenmal vorbei. Auf der Via
Vittorio Emanuele zur **Piazza Napoleone** ②, angelegt
1806, als Napoleons Schwester Elisa Baciocchi Fürstin
von Lucca war. Die Südseite nimmt der **Palazzo delle
Province** ein. An der Nordseite befindet sich die empfehlenswerte Gelateria Il Pinguino. Nach Einbruch der Däm-
merung wird der Platz zum Treffpunkt der Jugendlichen.
Südöstlich schließt sich die **Piazza del Giglio** mit dem
Stadttheater an. Von dort durch die **Via del Duomo. San
Giovanni** ③, bis ins 8. Jh. Bischofskirche, ist die Grabstätte der Markgräfin Mathilda von Canossa-Toscana
(1046–1115).
Die **Piazza di San Martino** erhielt ihr weiträumiges Er-

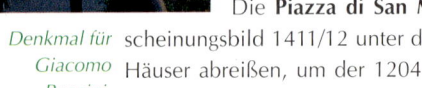

Denkmal für scheinungsbild 1411/12 unter dem Stadtherrn Paolo Guinigi. Er ließ
Giacomo Häuser abreißen, um der 1204 vollendeten Fassade des **Duomo** ④
Puccini. und dem 69 m hohen Campanile gebührende Wirkung zu verleihen.
Am Dom geht man links vorbei und folgt den gelben Schildchen des
Stadtrundganges. Links in die **Via dell'Arcivescovado,** vor dem An-
tiquitätengeschäft rechts ab. Etwa 20 m durch die Via della Rosa,
dann zweigt man rechts in die **Via del Botanico** ab. Sie stößt auf die
Via del Fosso am alten **Stadtgraben.** Links gelangen wir zur **Porta San
Gervasio** ⑤ des ab 1206 entstandenen Mauerringes. Nun geht es
durch das Tor und die **Via Santa Croce.** Der Name **Santa Maria Forisportam** verrät, daß die Kirche mit ihrer romanisch-pisanischen Marmorfassade außerhalb des antiken Gevierts erbaut wurde, und zwar
um 1200. Durch die **Via dell'Angelo Custode,** wenig später links, in
die **Via San Andrea.** Plötzlich sehen wir die Steineichen auf der **Torre
Guinigi,** ursprünglich wohl einer der 130 Geschlechtertürme. Er wurde gegen 1400 gleichzeitig mit dem romanisch-gotischen Palast ⑥
umgebaut. Von der Turmplattform – 230 Stufen – betrachtet der Besu-

cher Lucca sowie die weitere Umgebung aus 44 m Höhe. An der **Turmecke** gehen wir rechts, auf der **Via delle Chiavi d'Oro** und der **Via Canulaia** zur querverlaufenden **Via dell'Anfiteatro.** Etwa 100 m

weiter rechts gelangen wir durch das teilweise noch aus römischen Quadern bestehende Portal auf die **Piazza del Mercato** (Sa vormittags Markt). Ihre von vielfarbigen Häuserfronten gebildete Ellipse skizziert das römische Amphitheater ⑦ (frühes 2. Jh. n.Chr.). Das Oval wird auf der gegenüberliegenden Seite durch das Portal verlassen. Von der **Piazza degli Scar-**

Tourencharakter: Stadtspaziergang. **Beste Jahreszeit:** Frühling bis Spätherbst. **Reine Gehzeit:** 1¼ Std. **Ausgangs-/Endpunkt:** Porta Sant' Anna in Lucca. **Verkehrsanbindungen:** Autobahn Florenz–La Spezia; Autobahn von Pisa. Staatsstraßen. Bahnhof. Busbahnhof auf dem Piazzale Verdi. **Unterkunft:** In der Altstadt (Parkprobleme) und außerhalb, z.B. Hotel Celide****, Via Giusto 25, Bahnhofsnähe, Parkplatz, Tel. (0583) 954106. Jugendherberge: Ostello Il Serchio, Via del Brennero 673, nördlicher Stadtteil Silicchi, Tel. (0583) 341811. **Einkehr:** Originell und typisch: Trattoria da Giulio (Nähe Tourismusbüro); So und Mo geschlossen, Betriebsferien im August. **Tourist-Info:** Ufficio Informazioni, Piazzale Verdi, I-55100 Lucca, Tel. (0583) 442936, Fax 442941.

pellini rechts in die noble **Via Fillungo**. Links geht es zur **Chiesa San Frediano** ⑧ mit ihrer charakteristischen Fassade.

In Höhe des **Campanile,** dessen Fensterzahl nach oben hin von Geschoß zu Geschoß zunimmt, vertrauen wir uns links in die **Via Cesare Battisti** an. Vorüber an San Salvatore und einem markanten Turmhaus durch die **Via Calderia** auf die **Piazza San Michele** (römisches Forum). Das Denkmal zeigt Francesco Burlamacchi, Stadtoberhaupt von 1533 bis 1546. Dominierend erscheint die Fassade der **Chiesa San Michele** ⑨.

Am nahen Corte San Lorenzo (Nr. 9) erblickte Giacomo Puccini (1885–1924) das Licht der Welt: **Casa natale Puccini** ⑩. Der Maestro »sitzt« lässig, in Bronze gegossen, seit 1994 nebenan auf der Piazza Cittadella.

Unser Rundgang führt von der **Piazza San Michele** rechts an der Loggia des **Palazzo Pretorio** ⑪ (16. Jh.), einst Sitz des Podestà und des Gerichts, vorbei und durch die **Via Vittorio Veneto** auf die **Piazza Napoleone.**

Zum Schluß noch ein kulinarischer Tip: Die Trattoria da Giulio, hinter dem Fremdenverkehrsbüro im ehemaligen Gerberviertel, ist eine sehr bekannte Adresse. »Giulio in Pelleria« bietet die vielfältige Bandbreite lucchesischer Küche, darunter 13 »Primi« und 13 »Secondi«. Eine der Spezialitäten heißt Pollo al mattone – gegartes Hähnchen, gepreßt zwischen zwei heißen Ziegelsteinen.

Romanisch-pisanische Fassade von San Michele.

Vinci und der Monte Albano

Anchiano – Santa Lucia – Monte Albano –
Faltognano – Anchiano   Karte: F 4

27

Am Parkplatz in → **Anchiano** gilt für uns rechts des gemauerten Wasserbunkers der Weg **Nummer 14**. Aufwärts in 10 Min. zur Kirche **Santa Lucia.** Hier wurde Leonardo da Vincis Geburt am 15.4.1452 beurkundet. Im Weiler **Santa Lucia** weiter auf dem Sträßchen und mit roten Farbzeichen in einen **Sattel** (520 m, Wegespinne) bzw. zu einem freien Platz am Kamm des → **Monte Albano.** Nordöstlich sieht man die mittelalterliche Torre Sant'Alluccio (Sender), bei der im 12. Jh. der Eremit Alluccio lebte. Östlich schweift das Auge über das industrielle Becken zwischen Pistoia und Florenz, mittendrin die »Lumpensammlerstadt« Prato mit Italiens modernsten Wiederverarbeitungsbetrieben für Textilien. Dahinter steigt aus Falten die Landschaft Toscolo Emiliano zu den Höhen des Apennin an. Vom Parkplatz ¾ Std.

Kurz in östliche Richtung, sodann rechts in eine breite Piste (Markierung 5) im La-Cupola-Osthang: leichte Steigung. Etwa 35 Min. nach dem Sattel stoßen wir auf einen asphaltierten Weg (rechts der Poggio Ciliego, 611 m, höchste Erhebung des Monte Albano; keine Aussicht), der sich linkshaltend senkt. Links

Andenkenstand am Museo Vinciano in Vinci

folgt ein **Wasser- bzw. Sendeturm** der italienischen Telecom. Dann sind wir in der Senke vor dem **Monte Pietramarina.**

Am tiefsten Punkt der Senke schwenkt man rechts (westlich) in den breiten Weg (Fahrverbotstafel) ein, absteigend. Die Linksabzweigung nach 10 Min. wird ignoriert. Etwa 10 Min. später führt uns der Weg über ein Bächlein. Weiter unten, bei zwei Ziegelbauten, wandern wir rechtshaltend in das schon um 1200 bezeugte Dorf

Tourencharakter: Unschwierige Rundwanderung; kein Schatten. **Beste Jahreszeit:** Frühling bis Spätherbst. **Reine Gehzeit:** 3 Std. **Anstiege:** Insgesamt 430 Hm. **Weglänge:** 9,5 km. **Markierungen:** Wegweiser; rotweiß. **Wanderkarte:** Carta per il turismo natura 1:25000, Blatt Monte Albano occidentale e orientale. In Vinci erhältlich. **Verkehrsanbindung**: Straße zwischen Empoli (11 km, nächster Bahnhof, Busverbindungen mit Vinci) und Autobahnausfahrt Pistoia (25 km). **Ausgangs-/Endpunkt:** Parkplatz Anchiano (210 m), nördlich von Vinci (2,5 km). Sonntags zwischen 14 und 19 Uhr Busverkehr. **Unterkunft:** In Vinci. Camping: Barco Reale**** (12 km nördlich in San Baronto), Tel. (0573) 88332. **Einkehr:** Vinci, z.B. Ristorante Cucina Casalinga Toscana (bei der Burg). Unterwegs: Faltognano, Bar/Alimentari (Mi nachmittags geschlossen). **Tourist-Info:** Uffizio Informazioni, Via della Torre 11, I-50059 Vinci, Tel./Fax (0571) 56 8012.

Faltognano (396 m): in sonnenverwöhnter Lage an den Flanken des Monte Albano. Der Ort ist vom Vinci-Rummel unberührt geblieben. Wir haben im »Alimentari« eine Flasche Rotwein, Panini, Salami, Schafskäse und Tomaten gekauft und gegenüber an den Metalltischen gevespert. Prost, Leonardo!

Schwach südwestlich erkennt man Empoli am Arno, die Stadt der Glasmanufakturen. Silbrig schimmernde Olivengärten und geradlinige Rebenkulturen bestimmen die Terrassen der näheren Umgebung.

Den Ausklang unserer Wanderung bildet die kaum befahrene Straße durch dichte Vegetation. An ihrem Rand stehen etliche Terrakotta-Marienbildstöcke. Zum Parkplatz sind es bei gemütlicher Gangart noch 25 Min.

«Casa natale» von Leonardo da Vinci.

Wandergipfel Monte Nona

Stazzema – Rifugio Forte dei Marmi –
Monte Nona – Stazzema   Karte C/D 3

28

Für Klettersteig-Spezialisten bietet sich außerdem die Gelegenheit, den → **Monte Procinto** zu »erobern«. Aber lassen Sie sich bitte auf keine »Abenteuer« ein und gehen diesen nur mit Klettersteig-Ausrüstung bzw. bremsender Selbstsicherung des Brust- und Sitzgürtels an! Erst dann wird die Zusatz-Tour zum nachhaltigen Erlebnis.

Aus der Callara di Matanna zum Gipfel.

In → **Stazzema** vom Parkplatz hinauf zur **Pfarrkirche** und rechtshaltend in den langgestreckten Ort. Wir kommen über die Piazza Umberto I, passieren die **Torre dell'Orologio,** die **Fontana di Carraia,** den Albergo Procinto und das Kirchlein **Madonna della Neve.** Am Ende des Gassenschlauches wird zur Asphaltstraße angestiegen. Links, nach 5 Min. am Einzelhaus vorbei und die Straße rechts zu einem **Parkplatz** verlassen.

An der folgenden Wegeteilung läuft man halb rechts, gemäß **Markierung 5,** in den Laubwald. Anstiege alternieren mit ebenen Hangtraversen. Beim **Holzlagerplatz** geht es an der Gabelung halb links weiter. Nach insgesamt 90 Min. spendet ein Brunnen frisches Quellwasser. Rechts, unter den 200 m hohen Abstürzen des Monte Nona, kommen wir zum **Rifugio Forte dei Marmi** (865 m). Von Stazzema knapp 1¾ Std.

Auf dem Hinweg gehen wir etwa 100 m zurück und zweigen gleich nach der **Felshöhle** rechts ab: **Markierung 5.** Wenig später beginnt eine felsige, drahtseilgesicherte, meist nasse, 100 m lange Traverse. Am Ende der Querung zweigt beim **Markierungsfelsblock** links die

Tourencharakter: Unschwierige Bergtour, streckenweise Schatten, eine Passage drahtseilgesichert, Trittsicherheit notwendig. **Beste Jahreszeit:** Frühsommer bis Herbst. **Reine Gehzeiten:** Aufstieg knapp 2¾ Std. Abstieg 2¼ Std. **Anstiege:** 900 Hm. **Weglänge:** 11 km. **Ausgangs-/Endpunkt:** Stazzema. **Markierungen:** Rotweiß, am Gipfelgrat blau. **Wanderkarte:** Carta turistica e dei sentieri 1:50000, Blatt Parco delle Alpi Apuane. **Verkehrsanbindung:** Ab Autobahnausfahrt »Versiglia« 19 km über Querceta (nächster Bahnhof) Seravezza Ponte Stazzemese. Werktags Busse. Parken vor der Kirche, links unterhalb der Auffahrt (Friedhof). **Unterkunft:** Albergo Procinto**, Tel. (0584) 777004. **Einkehr:** Lokale Spezialitäten: Albergo Procinto. Einkehr unterwegs: Rifugio Forte dei Marmi; bewirtschaftet Juli/ August, sonst zwischen Mitte Juni und Mitte September an Wochenenden. **Tourist-Info:** Ufficio Informazioni, I-55040 Ponte Stazzemese, Tel. (0584) 775226.

Monte Nona und Monte Procinto (vorne links) von Stazzema.

Route zum Ponte-Procinto-Klettersteig (Via ferrata) ab. Der Monte-Nona-Weg setzt sich geradeaus fort. In 20 Min. erreicht man ein **Felstor.** Davor rechts. Nochmals 20 Min. und wir sind in der Scharte **Callare di Matanna** (1139 m).

Aus der Scharte links – rot-weiße Farbzeichen – am stumpfen Südostgrat, über Schrattenkalkfels und schließlich von der Vorgipfelkuppe luftig zum Kreuz des → **Monte Nona.** Der Rückweg nach Stazzema erfolgt auf dem Hinweg.

Wer Lust auf unverfälschte, preiswerte landwirtschaftliche Produkte hat, sollte in Stazzema nach Giovanni fragen. Sein originelles Ladengeschäft liegt im alten Kern an der »Hauptstraße«, rechts, wenn man vom Albergo Procinto kommt. Giovanni stellt alles selbst her – »garantita«: Honig von verschiedenen Blüten, Marmelade, Olivenöl, Teigwaren und vieles mehr.

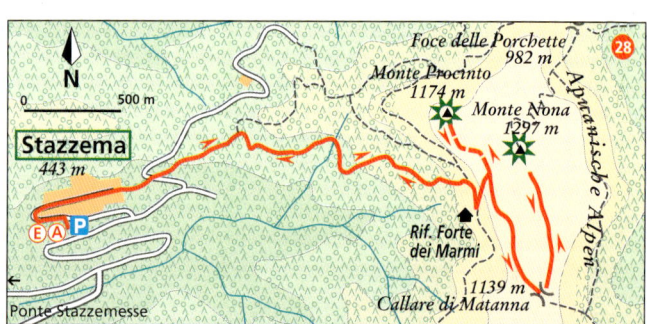

Unterwelt Grotta del Vento

Drei mögliche Rundgänge
durch Italiens attraktivste Höhle   Karte: C/D 3

29

Die → **Grotta del Vento** in den → **Apuanischen Alpen** ist landschaft-
lich gesehen der unterirdische »Höhepunkt« der Toskana. Ziehen Sie
sich warm an!

Erster Rundgang

Der Weg verläuft größtenteils entlang einer waagerechten Galerie,
vorbei an einem unergründlichen Siphon mit kristallklaren Seen,
durch eine Anzahl vielfarbiger Räume bis an
den Rand des Abgrundes.

*Farbenzauber
der Grotta del
Vento.*

Dauer: 1 Std.

Führungen: 12, 15, 16, 17, 18 Uhr

Zweiter Rundgang

Schließt den ersten Rundgang mit ein und führt
von dessen Ende durch eindrucksvolle Erosi-
onszonen, erreicht einen Flußlauf und folgt
ihm bis zum letzten Siphon. Der Rückweg zeigt
eine elliptische Galerie mit sandreichen Mine-
ralienformationen.

Dauer: 2 Std.

Führungen: 11, 15, 16, 17 Uhr

Dritter Rundgang

Als dritte Alternative bietet sich die Gesamtbesichtigung an. Sie dauert 3 Std., Führungen werden um 10 und 14 Uhr durchgeführt.

Unbekannte Garfagnana

Die Grotta del Vento bildet in ihrer Art zweifellos den Höhepunkt der
agrarträchtigen Beckenlandschaft Garfagnana am oberen Serchio
zwischen den Apuanischen Alpen und dem → **Apennin**. Zweifelsoh-
ne lohnt es sich, dieses nach gängigen Vorstellungen untoskanische,
vom ausländischen Touris-
mus weitgehend ignorierte
Gebiet zu ergründen: auf
Wanderwegen, für die es zu-
verlässige topographische
Karten gibt, oder in den Or-
ten, etwa in der »Metropole«
Castelnuovo. Es war, wie die
ganze Garfagnana, früher

Ausgangs-/Endpunkt: Eingangshalle der Grotta del Vento. **Verkehrsanbindung:** Die braun beschilderte Stichstraße (12 km) zweigt in Gallicano (38 km von Lucca)
ab. **Unterkunft:** Rifugio-Ristorante La Buca (Fornovola-
sco, 2,5 km vor der Höhle), Tel. (05 83) 72 20 13. Gallicano: Hotel/Ristorante Mediavalle***, Tel. (05 83) 73 00
74. **Einkehr:** Gastronomie bei der Höhle. **Tourist-Info:**
Grotta del Vento, I-55020 Vergemoli. Tel. (05 83)
72 20 24, Fax 72 20 53.

GROTTA DEL VENTO

29

Gola d'Eolo
Sifoni
Diramazione dell'infinito   Canyons
Cuniculo del vento
Sifone
Sifone
Diramazione delle meraviglie
Ramo del fiume Lete
Sala dell'orso   Sifone   Lago dei cristalli
Sala del ciondolo
Ramo del fiume ignoto
A
E
"Camino rosa"   Sala dei monumenti
"I fusi"
Salone dell' Acheronte
Galleria delle valli
Ramo dei tre
Sala delle voci

Vergemoli   Castelnuovo
Barga
MASSA   Gallicano
Grotta del Vento
M. di Pietrasanta   Seravezza
Lido di Camaiore   Ponte a Moriano
Marlia
Viareggio   LUCCA

Baratro dei giganti
Diramazione del paradiso

Wasserläufe
1.Rundgang
2.Rundgang
3. Rundgang

stärker mit den Herrscherhäusern Modena und Ferrara verbunden, als heutzutage mit Lucca. Unverwechselbar »Garfagnana«: Osteria Vecchia Mulino. Sie stellt eine Institution dar! Die Familie Bertucci, Vater Mauro und Sohn Andrea, hüten in rustikalen Gewölben mit gerade mal 20 Sitzplätzen einheimische gastronomische Kultur. Seien es Biroldo oder Lardo, die in Würfeln servierte Riesen-Mortadella (Durchmesser 50 Zentimeter), Aufschnitt des Hauses, in Öl eingelegtes Gemüse, marinierte Sardellen, Auberginen vom Grill oder Dinkelkuchen. Geöffnet außer Sonntag von 7.30 bis 20 Uhr.

Anfahrt zur Grotta del Vento: Eremo di Calomini.

Pizzo d'Uccello

Rifugio Donegani – Foce di Giovo – Sella del Giovetto –
Pizzo d'Uccello – Rifugio Donegani   Karte: C 3

30

Unser Aufbruch in den → **Apuanischen Alpen** zum »Spitz des Vogels« geschieht vom → **Rifugio Donegani** aus.

An der gegenüberliegenden Straßenseite der Hütte vertrauen wir uns der beschilderten **Route Nr. 37** an. Ein felsiger Steig leitet in gut 5 Min. empor zur **Werkstraße.** Links in den **Marmorbruch,** der rechts verlassen wird, entsprechend den neuen, 1998 beispielhaft angebrachten rot-weißen Farbzeichen und den wiederholten Hinweisen »Passo Giovo«. Die Route kreuzt die nächste, geschotterte **Werkstraße.** Getreu den gut sichtbaren Markierungen weiter. Schließlich mit dem befestigten Weg eines uralten Überganges in die Valle di Vinca und auf einem Wiesenpfad in die **Foce di Giovo** (1500 m) im apuanischen Hauptkamm. Von der Hütte 1 Std.

Aus dem Sattel halten wir uns rechts – Wegnummer 18 –, umgehen den Aufschwung Punkt 1539 rechts, geführt von rot-weißen Zeichen auf felsigem Steig. Vom Markierungsstein 10 Min. nach der Foce di Giovo geht es geradeaus, erneut eine Kuppe passierend, in die **Sella del Giovetto** (1497 m) am Ansatz des Gipfelstockes.

Das Rot-Weiß der Farbkleckse könnte deutlicher nicht sein! Allerdings bleibt die rechts abzweigende, schwierigere Variante »Cresta Capradossa« unberücksichtigt. Einige Minuten später beginnt die Kraxelei in einer kurzen, kaminähnlichen Rinne. Eisenfester Fels und Bierhenkelgriffe! Wir zwängen uns durch den leicht abdrängenden Einriß, die Schlüsselstelle. Hernach genußvolles Erklimmen in gestuftem, aber stellenweise ziemlich luftigem Fels, in etwa 1 Std. über den Vorgipfel (Anticima) auf den → **Pizzo d'Uccello.** Grandiose Rundumschau!

Tourencharakter: Unschwierig bis zum Gipfelaufbau. Dort Kletterei (I+); Rucksack hinderlich. Kein Schatten. **Beste Jahreszeit:** Frühsommer bis Herbst. **Reine Gehzeiten:** Aufstieg 2½ Std., Abstieg 2 Std. **Anstiege:** 650 Hm. **Weglänge:** 5 km. **Ausgangs-/Endpunkt:** Rifugio Donegani (1150 m). **Markierungen:** Rot-weiß. **Verkehrsanbindung:** Von Lucca (82 km) durch die Garfagnana nach Piazza, dann links über Gramolazzo. Vor dem Tunnel links, 6 km zum Rifugio. **Unterkunft:** Rifugio Donegani, CAI, 46 Schlafplätze, Mai bis Allerheiligen, Tel. (0583) 610085. **Einkehr:** Wie Unterkunft. **Tourist-Info:** Ufficio Promozione del Parco, Piazza Erbe 1, I-50032 Castelnuovo Garfagnana, Tel./Fax (0583) 644473.

Rifugio Donegani, der beste Ausgangspunkt für die Besteigung des Pizzo d'Uccello.

ALLGEMEINES GLOSSAR

Abbadia	*Abtei*
Albergo	*Gasthaus*
Alimentari	*Lebensmittelhändler*
Alto	*hoch*
Arco	*Bogen, Torbogen*
Bagno	*Bad*
Battisterio	*Taufkapelle*
Borgo	*Stadtteil*
Bosco	*Wald*
Campanile	*Glockenturm, meist freistehend*
Casa	*Haus*
Castello	*Burg*
Chiesa	*Kirche*
Città	*Stadt*
Colle	*Hügel*
Colline	*Hügellandschaft*
Fattoria	*Landwirtschaftsgut*
Fiume	*Fluß*
Fontana	*Springbrunnen*
Fonte	*Quelle*
Foresta	*Wald*
Fosso	*Graben*
Giardino	*Garten*
Grotta	*Höhle*
Itinerario	*Wanderroute*
Marina	*Seeküste*
Monastero	*Kloster*
Nekropole	*antiker Friedhof*
Piano	*Ebene*
Pieve	*Pfarrkirche mit Taufrecht*
Pineta	*Pinienwald*
Pizzo	*spitzer Berg*
Podere	*Bauernhof*
Poggio	*Kuppe, Hügel*
Ponte	*Brücke*
Porta	*Tor*
Porto	*Hafen*
Rifugio	*Schutzhütte, Unterkunft*
Rocca	*Burg*
Santuario	*Heiligtum, Wallfahrt*
Sentiero	*Weg, Wanderweg*
Spiaggia	*Badestrand*
Torre	*Turm*
Torrente	*Bach, Wildbach*
Valle, Val	*Tal*
Via ferrata	*Klettersteig, gesichert mit Drahtseilen etc.*

SPEISEN-GLOSSAR

Aceto	*Essig*
Acqua cotta	*Gemüsesuppe mit Weißbrotscheiben, auch Zwiebel-Brotsuppe*
Acqua minerale	*Mineralwasser; senza gassato = ohne Kohlensäure*
Affettato	Aufschnitt
Affumicato	*geräuchert*
Aglio	*Knoblauch*
Agnello	*Lamm*
Agro	*sauer*
Ai ferri	*gegrillt*
Al forno	*im Ofen gegart bzw. überbacken*
All'amatriciana	*würzige Tomatensoße mit Speck*
Alla bolognese	*mit Hackfleischsoße*
Alla carbonara	*sämige Soße aus Eiern, Speck, Parmesan*
Alla pescatora	*mit Fisch oder Meeresfrüchten*

Anatra	Ente
Anguilla	Aal
Aranciata spremuta	frisch gepreßter Orangensaft
Aringa	Hering
Arrosto	Braten
Asparago	Grüner Spargel
Astaco/ Astice	Hummer
Baccalà	Stock-, Klippfisch
Bevande	Getränke
Bietola	Weiße Rübe
Biroldo	Art roter Preßack
Birra alla spina	Bier vom Faß
Bistecca	Steak
Bistecca alla fiorentina	Hochrippenstück mit Knochen, wenigstens 600 Gramm, über Holzkohle gegrillt
Bollito	gesottenes Fleisch
Brace	vom Holzkohlengrill
Branzino	Wolfsbarsch
Brasato	Schmorbraten, geschmort
Brodo	Brühe
Bruschetta	geröstete kleine Brotscheibe mit Olivenöl, Knoblauch, Tomaten etc.
Burro	Butter
Busecca	Kuttelsuppe
Cacciucco	Fischsuppe bzw. -topf livornesischer Art
Cacio	Schnittkäse
Calamari	Tintenfische
Calzone	gefüllte Pizzatasche
Canederli	Knödel
Cannelloni	gefüllte Röhrennudeln
Cantuccini	mürbes Mandelgebäck (in Wein gedippt, üblicherweise in Vin Santo)
Caprese	Salat mit Tomaten und Mozarella
Capretto	Zicklein
Carciofi	Artischocken
Carne	Fleisch
Carpaccio	magere, rohe Rindfleischscheiben

Casalinga	Hausfrauenart, hausgemacht
Cavolo	Kraut, Kohl
Ceci	Kichererbsen
Cefalo	Meeräsche
Cialda	Waffel
Cinghiale	Wildschwein
Cipolla	Zwiebel
Composta	Kompott
Coniglio	Kaninchen
Controfiletto	Entrecote
Costata	Steak; di manzo = Rumpsteak
Cotto	gekocht
Crostacei	Schalentiere
Crostini	geröstete Weißbrotschnitten mit pürierter Milz, Leber etc.
Crudo	roh
Dentice	Zahnbrasse
Dolce	Süßspeisen, Dessert
Erbe	Kräuter
Erbette	Mangold
Fagiano	Fasan
Fagioli	dicke Bohnen
Farina	Mehl
Farro	Dinkel
Farfalle	Schmetterlingsnudeln
Fegato	Leber
Fettuccine	breite Bandnudeln
Fettunta	geröstetes Brot mit Öl und Knoblauch
Finocchio	Fenchel
Formaggio	Käse
Fragole	Erdbeeren
Fragolino	Rotbrasse
Frutta	Obst
Frutti di mare	Meeresfrüchte
Funghi	Pilze
Gallina	Huhn
Gamberetti	Garnelen
Gambero	Krebs
Gelato	Speiseeis
Germano	Wildente
Gnocchi	Teigklößchen
Gorgonzola	Blauschimmelkäse
Gramiccia	Röhrennudeln

Grana	parmesanähnlicher Hartkäse
Granita	Eisgetränk
Grappa	Schnaps (üblicherweise Treberbrand)
Imbottito	gefüllt, belegt (z. B. Panino)
Impanato	paniert
In latino	Getränk in der Dose
In padella	aus der Pfanne
Insalata	Salat
Involtina	Roulade
Lardo	weißer Speck
Latte	Milch
Lattuga	Kopfsalat
Legumi	Gemüse
Lenticchie	Linsen
Lepre	Hase
Limone	Zitrone
Lumache	Schnecken
Macedonia	Obstsalat (Dessert)
Maiala	Schwein
Manzo	Rind
Mascarpone	Frischkäsecreme
Mela	Apfel
Melanzane	Auberginen
Merluzzo	Kabeljau, Dorsch
Miele	Honig
Minestra	Suppe
Minestrone	Gemüsesuppe mit Reis oder Nudeln
Montone	Hammel
Mortadella	Kochwurst mit Speckwürfeln
Mozzarella	Knetkäse, u. a. Pizzabelag
Nasello	Seehecht
Nocino	Walnußlikör
Oca	Gans
Orata	Goldbrasse
Ossobuco	Kalbshaxe (Scheibe)
Ostrica	Auster
Paglia e fieno	»Heu und Stroh«, gelbe und grüne Bandnudelnester

Pancetta	Bauchspeck
Pane	Brot, in der Regel ungesalzenes Weißbrot
Panna cotta	Sahnedessert
Panna	Sahne
Panzanella	Weißbrotbrei mit Olivenöl, Weinessig, Gewürzen, Thunfisch
Pappa	Brei
Pappardelle	breiteste Bandnudeln
Parmigiano	Parmesankäse
Passato	püriert
Passera	Flunder
Pasta	Teigwaren, Nudeln
Patate	Kartoffel; patate lesse = Salzkartoffel, arrostite = Bratkartoffel
Pecora	Schaf
Pecorino	Schafskäse
Penne	kurze Röhrennudeln
Pepe	Pfeffer
Pera	Birne
Pesca	Pfirsich
Pesce	Fisch
Pesto	Kräutersoße, u. a. mit Knoblauch
Petto	Brust, z. B. Petto di pollo
Piatto del giorno	Tagesgericht
Pici	handgerollte Spaghetti
Piselli	Erbsen
Pizza al taglio	Pizzaschnitten aus dem Ofen
Polenta	Maisbrei
Pollo	Hühnchen
Polpetto	Hackfleischklößchen
Polpettone	Hackbraten
Polpo	Krake
Pomodoro	Tomate
Porchetto	kräutergewürztes Spanferkel; vielfach – schwerpunktmäßig um Florenz – in Kiosken kalt verkauft als »Brotzeit«
Porcini	Steinpilze
Porro	Lauch, Porree
Prezzemolo	Petersilie

Prosciutto	Schinken
Prugna	Zwetschge
Ravioli	gefüllte Teig- täschchen
Razza	Rochen
Ribollita	toskanische, ein- gedickte Bohnen- Kohlsuppe
Ricotta	quarkähnlicher Frischkäse
Rigatoni	Röhrennudeln
Ripieno	gefüllt, Füllung
Riso	Reis
Risotto	Reisgericht
Rombo	Scholle, Steinbutt
Rosticciana	ähnlich Spare-ribs
Rucola	Rauke
Salato	gepökelt
Sale	Salz
Salmone	Lachs
Salsa	dicke Soße
Salsiccia	Würstchen, ähnlich Mettwurst, gegrillt oder mitgekocht
Salume	Wurst und Schinken
Scaloppina	Kalbsschnitzel
Scampi	Krabben
Sarde	Sardinen
Schiacciata	toskanisches Fladen- brot
Scottadito	kurz gebraten
Sedano	Sellerie
Selvaggina	Wild
Semifreddo	Halbgefrorenes
Senape	Senf
Seppia	Tintenfisch
Sfoglia	Blätterteig
Sformato	Auflauf
Sogliola	Seezunge
Sott'olio	in Öl eingelegt
Spada	Schwertfisch
Spiedo	Spieß
Spigolo	Seebarsch
Spinaci	Spinat, Blattspinat
Spumante	Schaumwein
Stinco	Haxe, ohne Haut serviert
Stracotto	Rinderschmor- braten
Stravecchio	lange gereift, gelagert (z. B. Grappa)

Sugo	dicke Soße. Saft, z. B. »di mela«= Apfelsaft
Tacchino	Truthahn
Tagliato di manzo	Rindersteak, großes Fleischstück gegrillt
Tagliatelle	schmale Bandnudeln
Taglierini	Fadennudeln
Tagliolini	schmale Bandnudeln
Tartufo	Trüffel
Tinca	Schleie
Tiramisù	Creme mit Biskuit
Tonno	Thunfisch, serviert in Scheiben
Torta	Kuchen. Muß nicht süß sein, z. B. Sardellen- Torte als Vorspeise
Torta d'erbi	Kräuterkuchen
Tortel	Kartoffelauflauf
Tortellini/ Tortelli	kleine Teigtaschen
Tramezzino	belegtes, toast- ähnliches Weißbrot
Triglia	Meerbarbe
Trippa	Kutteln
Trota	Forelle
Uccello	Vogel
Umido	geschmort
Uovo	Ei; alla coque = weich, sodo = hart
Uova stra- pazzate	Rührei; al tegamino = Spiegeleier
Uva	Traube
Vapore	gedünstet
Verdura	Gemüse
Verzata	Wirsinggericht
Vin Santo	Dessertwein
Vitello	Kalb
Vitello tonnato	dünne kalte Kalb- fleischscheibe in Thunfischsoße
Vongole	Venusmuschel
Zuppa	Suppe; Süßspeise
Zuppa inglese	Buskuits mit Vanille- creme und Likör

REGISTER

Kursive Ziffern verweisen auf Bildlegenden, **fette** auf ausführliche Erwähnungen.

Eine Produktion des **Bruckmann**-Teams, München
Konzeption (Verantwortlich): Robert Fischer
Layoutentwurf und Umschlaggestaltung: Studio Schübel, München
Lektorat und Bildredaktion: Sonja Mildt
Layoutrealisation und DTP-Produktion: Catherine Avak, München
Kartographie: Elsner & Schichor, Karlsruhe

Umschlagvorderseite: look/Florian Werner, München (großes Bild);
look/Jan Greune, München (kleines Bild).
Umschlagrückseite: Roland Gerth (oben), laif/Hedda Eid (unten).

Alle Fotos im Innenteil von Helmut Dumler, außer
S. 1, 10, 14/15 (2), 18, 19, 20/21, 22/23, 54, 30/31 (2), 34, 35, 36/37,
43, 48, 53 rechts unten, 54, 62, 70, 71, 74, 75, 76/77 (großes Bild),
83, 108 links unten, 122/123 (2) (laif/Hedda Eid);
S. 26, 52/53 (großes Bild) (laif/Fulvio Zanetti);
S. 55, 108/109 (großes Bild) (laif/Luigi Caputo);
S. 157 (Direzione Grotta del Vento).

Alle Angaben dieses Werkes wurden vom Autor sorgfältig recherchiert
und auf den aktuellen Stand gebracht sowie vom Verlag auf Stimmigkeit
geprüft. Für die Richtigkeit der Angaben kann jedoch keine Haftung
übernommen werden. Für Hinweise und Anregungen sind wir jederzeit
dankbar. Bitte richten Sie diese an die F. Bruckmann Produkt KG,
Lektorat, Lothstraße 5, 80636 München.

Gedruckt auf chlorfrei gebleichtem Papier

Die Deutsche Bibliothek – CIP-Einheitsaufnahme

Dumler, Helmut
Toskana: [die 30 schönsten Wanderungen mit Wanderkarten; Reise-
informationen von A – Z; Sehenswürdigkeiten: Kultur & Natur; Restaurants,
Hotels; mit Reisekarte zum Herausnehmen] / Helmut Dumler. –
München: Bruckmann, 1999
(Wandern & Erleben)
ISBN 3-7654-3432-9

© 1999 F. Bruckmann KG, München
Alle Rechte vorbehalten.
Produktionsmanagement/Herstellung: Bruckmann, München
Printed in Germany
ISBN 3-7654-3432-9